Sprachwelten Schwedisch

Det nya livet

Jessica Holmdahl
Charlotte Müntzing

circon

Baierbrunner Straße 27, 81379 München
Ausgabe 2023
3. Auflage

Redaktion: Isabella Bergmann
Fachkorrektur: Lovisa Moberg
Produktion: Ute Hausleiter
Titelillustration: alaver/adobe.stock.com
Umschlaggestaltung und Gestaltung: red.sign GbR, Stuttgart

ISBN 978-3-8174-2546-4
381742546/3

Besuchen Sie uns auf Instagram und Facebook: circonverlag
www.circonverlag.de

Lesen und Lernen mit den Sprachwelten

So abwechslungsreich war Schwedischlernen noch nie! Die Sprachwelten kombinieren unterhaltsames Lesen mit dem bewährten didaktischen Konzept der Reihe Lernkrimi. Die vier Kurzgeschichten sind von **muttersprachlichen Autoren** verfasst und genau auf Ihr **Lernniveau** abgestimmt – perfekt für den Unterricht oder individuelles Lernen.

Wörter, die noch unbekannt sind, werden direkt auf der Seite übersetzt, so ist kein zusätzliches Nachschlagen erforderlich. Das **alphabetische Glossar** am Ende des Buches bietet eine Übersicht aller **Vokabeln** mit ihren Übersetzungen. Im **phase6-Vokabeltrainer** sind diese sogar vertont.

Jede Kurzgeschichte enthält abwechslungsreiche, auf den Text bezogene **Übungen** zu Wortschatz, Grammatik und Textverständnis, die zum aktiven Lernen motivieren. Überprüfen Sie Ihren Lernerfolg einfach im **Abschlusstest**. Im Anhang finden Sie alle **Lösungen**.

Ergänzend zu jeder Kurzgeschichte verweisen **Infokästen** auf sprachliche und landeskundliche Besonderheiten.

Inhalt

Det nya livet

Jessica Holmdahl

Ella hatte sich ihren Neuanfang in Stockholm ganz anders vorgestellt: Statt einer herzlichen Aufnahme ihrer Mitmenschen eckt sie überall an und scheint in der Anonymität der Gesellschaft unterzugehen.

Ella: Die junge Frau kommt mit zwei Koffern aus dem kleinen Örtchen Löddeköpingen in Stockholm angereist und träumt von einem aufregenden Leben in der Großstadt. Doch es kommt anders, als sie denkt ...

Amanda und Klara: Die beiden jungen Frauen sind Ellas Arbeitskolleginnen in der neu eröffneten Eisdiele in Stockholm. Mit ihnen freundet sich Ella schnell an und erfährt einige interessante Neuigkeiten.

Tomas: Tomas ist der Mitinhaber der Eisdiele in Stockholm und Ella überlegt, wo sie ihn schon einmal gesehen hat.

Tåget far fram i hög fart men Ella kan ändå **urskilja** det **skiftande** landskapet utanför fönstret. **Lövträd blandas** med **barrträd** och intill **skogarna** står små röda hus. På vissa ställen **blänker sjöar**. Tillsammans bildar sceneriet en vacker tavla. Men Ella vet att utsikten snart kommer att bli en annan. Hon tänker att framtiden är hög. Höga hus, hög ljudvolym och ett högt tempo.

> Das schwedische Adjektiv **hög** bedeutet sowohl „hoch" als auch „laut".

tåg *n*	Zug
urskilja	erkennen
skiftande	wechselnd
lövträd *n*	Laubbaum
blanda	mischen
barrträd *n*	Nadelbaum
skog *u*	Wald
blänka	glitzern, glänzen
sjö *u*	See
färdriktning *u*	Fahrtrichtung
pendeltåg *u*	Regionalzug
perrong *u*	Bahnsteig
ångra sig	bereuen

"Nästa, Södertälje Syd", ropar en röst. "Avstigning sker på vänster sida i tågets **färdriktning**. För er som ska byta, **pendeltåg** till Gnesta avgår...".

Ella slutar att lyssna. Hon ska inte gå av vid den här stationen. Inte heller ska hon åka till Gnesta. Nej, vid tågets slutstation ska hon hoppa av. Om trettio minuter rullar tåget in på Stockholms Centralstation.

> **Gnesta** ist eine kleine Ortschaft südlich von Stockholm. Diese Station ist Endpunkt der Stockholmer S-Bahn *(Stockholms pendeltåg)*.

När hon sa hejdå till sin mamma och pappa på **perrongen** i Lund **ångrade** hon **sig** nästan. Hon hade bott i den lilla byn Löddeköpinge i hela sitt liv. Det var där hon hade sina vänner. Det var där hon hade sitt jobb. Det var där hon kände

> **Löddeköpinge** ist ein Dorf in der südlichen Provinz Schonen *(Skåne)*.

sig **trygg**. Men så snart hon hade lagt **resväskorna** på bagagehyllan och satt sig på sin plats, förändrades **känslan**.

Tänk att hon **flyttar** till huvudstaden. Hon ska åka till en plats där hon inte känner någon och där ingen vet vem hon är. Det är en chans att börja om på nytt.

trygg	geborgen
resväska *u*	Koffer
känsla *u*	Gefühl
flytta	umziehen
rynkig	runzelig, faltig
skaka	schütteln
tillhöra	gehören
framtand *u*	Vorderzahn, Schneidezahn
peta	*hier:* anschubsen
frustande	prustend

”Ursäkta, är det här din?”

Ella sliter blicken från fönstret och ser in i ett **rynkigt** ansikte med ett par bruna ögon. Kvinnan som sitter bredvid henne håller upp en blå mobiltelefon.

”Den låg på golvet”, förklarar kvinnan.

Ella ler och **skakar** på huvudet.

”Den är inte min. Jag har min här”, säger hon och visar sin smartphone. ”Men jag kan fråga mannen som sitter framför oss om den **tillhör** honom.”

Hon reser sig upp går till mannen som sitter framför den äldre kvinnan. Han är i fyrtioårsåldern och har munnen halvöppen. Det saknas en bit av ena **framtanden**. Med ena fingret **petar** hon försiktigt på honom. Han rycker till och ger ifrån sig ett **frustande** ljud.

Regionale Dialekte in Schweden zeichnen sich vor allem durch Unterschiede in der Aussprache aus. In Stockholm und Umgebung wird der lange *ä*-Laut oft zu *e* (*räv* wird zu *rev*) und *ö* klingt eher wie *u* (*dörr* wird *durr*).

”Är vi framme?” frågar han på bred stockholmska[i].

”Nej, inte än. Om ungefär tjugo minuter”, säger Ella och hör hur skånsk[i] hon låter. ”Jag undrar om det här är din.” Hon visar ho-

nom telefonen. Hon ser att den har en **repa** över kameralinsen.
"Ja, det är det", säger han snabbt och lägger ner mobilen i ryggsäcken han har framför sig. "Tack."
"Det var vänligt av dig", säger kvinnan när Ella sätter sig på sin plats igen.
För Ella är det en självklarhet att hjälpa till om hon kan.

repa *u*	Kratzer

Övning 1: Plural. **Welches ist die korrekte Pluralform der Substantive? Unterstreichen Sie!**

Singular	Plural		
1. station	station	stationor	stationer
2. telefon	telefon	telefonor	telefoner
3. ryggsäck	ryggsäck	ryggsäckor	ryggsäckar
4. tåg	tåg	tågor	tåger
5. tavla	tavla	tavlor	tavlar
6. barnvakt	barnvakt	barnvaktor	barnvakter

Auch in **Skåne** (Schonen) wird ein eigener Dialekt gesprochen. *Skånska* zeichnet sich durch das Zäpfchen-r (im Gegensatz zum gerollten r des Standardschwedisch) aus sowie durch Doppellaute (*minut* klingt wie *mineut*, *båt* wie *beåt*).

"Ja, mina damer och herrar", ropar rösten ur högtalarna igen. "Då börjar vi närma oss tågets slutstation Stockholms Central. Avstigning sker på höger sida i tågets färdriktning. Personalen ombord vill tacka för den här resan och välkomnar er åter. Nästa station är alltså Stockholms Central."

In Stockholm gibt es drei U-Bahn-Linien (**tunnelbana**): eine grüne, eine blaue und eine rote Linie. Die U-Bahnen fahren bis in Stockholms Vororte.

Det **fladdrar** till i Ellas mage. Nu är hon snart framme i sin nya hemstad.

Hon hjälper den gamla kvinnan att ta ner sin **väska** från **bagagehyllan**.

"Hoppas att du får en fortsatt trevlig sommar", säger Ella. Kvinnan ler och går mot tågets dörrar. Ella samlar ihop sakerna hon haft framme under tågresan: mobilen, en vattenflaska och en **korsordstidning**. Hon ställer sig upp bredvid sätet för att ställa sig i kön som har bildats. Framför henne står mannen hon gav mobilen till. Sakta rullar tåget in på perrongen. Resenärerna stiger av.

"Jag kan inte hitta min telefon!"

fladdra	flattern
väska *u*	Tasche
bagagehylla *u*	Gepäckablage
korsordstidning *u*	Kreuzworträtselzeitung
olyckligtvis	unglücklicherweise
vädjan *u*	Bitte, Flehen

Ella vänder sig om. En kvinna i tjugoårsåldern ser sig desperat omkring.

"Har någon sett den? Det är en smartphone, den är blå ... Åh, alla bilder på min lilla son är på den ..."

Ella förstår genast vad som hänt. Mannen tog telefonen trots att det inte var hans! **Olyckligtvis** har han också hört den unga kvinnans **vädjan**. Innan Ella hinner gripa tag i honom har han trängt sig förbi i kön och är redan ute på perrongen. Ella vill prata med den unga kvinnan, förklara vad som har skett, men pressas framåt i kön.

Trevlig start på det nya livet, tänker Ella.

När hon står på perrongen släpper hon tankarna på den

stulna mobiltelefonen. Det är mycket folk och nu måste hon hitta rätt tunnelbana[i]. Det är **dock** inte svårt att förstå vilken väg hon ska ta för att komma till röda, gröna och blåa linjen. Alla människor verkar gå åt samma håll: ner under **jorden**. En lång och bred tunnel utan något **synligt** slut möter Ella. Hon följer strömmen och slås av hur **bråttom** alla verkar ha. Hon **snabbar på** för att inte vara i vägen. Det är inte lätt med två stora resväskor. Efter några minuter är hon framme vid något slags korsning. Skyltarna visar att tunnelbanan ligger rakt fram och Centralstationens huvudingång och SL-center till vänster. SL-center är dit Ella ska.

dock	allerdings, jedoch
jord *u*	Erde
synlig	sichtbar
bråttom	eilig
snabba på	sich beeilen
nummerlapp *u*	Nummernzettel
periodkort *u*	Zeitkarte
gälla	gelten
Nå?	Und? Na?

"Stockholms Lokaltrafik[i]", mumlar hon för sig själv. Hon tar en **nummerlapp**. Det blir hennes tur oväntat snabbt.

"Ett **periodkort**", säger Ella.

"Jaha, vilket?" frågar mannen. "Ett som **gäller** i tre, sju, trettio eller nittio dagar? Är du ungdom eller vuxen? Ska du pendla till Uppsala eller bara vara i Stockholm?"

Stockholms Lokaltrafik (*SL*) ist die Nahverkehrsgesellschaft des Großraums Stockholm, zuständig für den U-Bahn-, Bus-, Straßenbahn-, Regionalzug- und Fährenverkehr.

"Jag ... jag ... har precis flyttat hit", säger Ella.

"Jaha", säger han entonigt. "**Nå?**"

Han stirrar på henne.

"Ett nittiodagarskort blir väl bra då. En vuxen, bara Stockholm", skyndar hon sig att säga.

disk *u*	Theke
putta	schubsen
otrevlig	unfreundlich
muttra	murmeln

"Jaha", säger mannen igen och tar fram ett blått plastkort. Hon ler.
"Har du jobbat här länge?" frågar hon.
"Ursäkta?"
"Ja, om du har jobbat här länge ..." Ella tittar osäkert på mannen.
"Tvåtusensjuhundra kronor", säger mannen och skakar på huvudet. Ella tar fram sitt bankkort och betalar. Mannen lägger SL-kortet och kvittot på **disken**. Utan ett ord till Ella trycker han fram nästa nummer.
"Tjugotre!" Ella **puttas** nästan in i väggen när en kvinna och hennes två barn kommer fram till disken. Snabbt tar hon tag i sina väskor och beger sig tillbaka till tunneln.
Ella tycker att mannen var oerhört **otrevlig**.
Nu gäller det att hitta rätt tunnelbana. Hon vet att det är gröna linjen och att hon ska hoppa av på Medborgarplatsen[i]. Men ingenstans kan hon se någon karta över hur hon tar sig dit.
"Ursäkta", säger Ella till en kvinna som passerar henne. Kvinnan kastar en snabb blick på Ella men stannar inte.
"Vad är det för fel på folk?" **muttrar** Ella. Hon börjar känna sig varm och trött. Längs ena väggen ser hon en kvinna i gul väst. På den står SL tryckt med svarta bokstäver.

> **Medborgarplatsen** ist ein Platz im hippen Stockholmer Stadtteil *Södermalm*. Hier gibt es u. a. eine Markthalle, ein Kino, eine Bibliothek und mehrere Bars.

"Ursäkta, vet du hur jag tar mig till Medborgarplatsen?"
"Det är gröna linjen söderut", svarar kvinnan.
"Jo, så mycket vet jag. Men vilka tåg går söderut?"
"De mot Skarpnäck, Hägersten och Farsta Strand."

Övning 2: Korsord. Lösen Sie das Kreuzworträtsel!

Vågrätt/Waagerecht

1. En sådan står Ella i på tåget.

2. Ella har två sådana med sig.

3. Så många dagar kan Ella använda sitt SL-kort.

4. Vad finns i tidningen Ella har haft på tåget?

Lodrätt/Senkrecht

5. På vilket sida om tåget stiger Ella av?

6. Vad håller försäljaren i handen?

7. Bevis på ett köp.

8. Svensk valuta.

Ella tackar och skyndar fram till **spärrarna**. Hon **blippar** det nya blå plastkortet och småspringer fram till rulltrapporna. Trots att hon inte har någon tid att passa känner hon att hon borde snabba sig. I rulltrappan märker hon att människor bakom henne är irriterade. Hennes stora resväskor blockerar vägen.

spärr *u*	*hier:* U-Bahn-Eingang
blippa	Karte an Kartenleser halten
överseende *n*	Nachsicht
stenansikte *n*	steinernes Gesicht
vänta	warten
röra sig	sich bewegen
generad	verlegen
välansad	wohlgepflegt
skägg *n*	Bart
ansiktsdrag *n*	Gesichtszug
göra bort sig	sich blamieren
hyra	mieten
i andra hand	zur Untermiete

"Jag har precis flyttat hit", säger hon och ler. Kanske har de mer **överseende** om de förstår orsaken till de stora väskorna. Ingen rör en min. De som står närmast henne tittar bort. Ella kan inte låta bli att känna sig besviken. I hennes drömmar hade människorna varit glada och hjälpsamma. De hade inte haft **stenansikten**.

Tåget står på perrongen när hon kommer nerför rulltrappan. Hon skyndar sig mot de närmsta dörrarna men de slår igen innan hon hinner kliva på. Det är inte sant, tänker hon. Nu måste jag **vänta**. Hon kastar en blick på monitorn. Nästa tåg går om en minut! Hade hon missat bussen hemma i Löddeköpinge hade hon fått vänta en timme på nästa. Tåget kommer efter en minut och Ella tar sig in. Vagnen är full av människor. Alla sittplatser är upptagna. Men Ella ställer sig vid dörrarna och hoppas att hon inte tar upp alltför mycket plats. Plötsligt börjar tåget **röra** på **sig** och Ella faller in i mannen som står mittemot henne.

Övning 3: Pronomen. Lesen Sie weiter und unterstreichen Sie die korrekte Alternative!

"Ojdå", säger **1.** hon / henne och skrattar **generat**. **2.** Han / Honom ger **3.** hon / henne ett snabbt leende men tittar sedan ner i sin mobil igen. Ella betraktar **4.** han / honom. **5.** Han / Honom är lite längre än **6.** hon / henne själv. Hans långa mörka hår är uppsatt i en knut mitt på huvudet. Ett **välansat skägg** döljer **ansiktsdragen**. Ella kan inte låta bli att snegla på **7.** han / honom då och då. Alldeles för snart är **8.** hon / henne framme vid Medborgarplatsen. **9.** Hon / Henne hade gärna studerat **10.** han / honom ett tag till.

"Hejdå!" säger hon när hon kliver av. Mannen tittar förvånat på henne. Han hinner inte säga något innan dörrarna stängs. Ella förstår att hon **gjort bort sig** igen. Att vara artig verkar verkligen inte vara rätt i den här staden.
Ella har fått en tydlig beskrivning av hur hon ska ta sig till Möregatan. På den gatan ligger hennes nya lägenhet. Hon **hyr** den **i andra hand**[i]. Det var via Facebook hon såg att en bekant ville hyra ut sin lägenhet. Hon får hyra den i ett år.

In Schweden wohnen viele Menschen zur Miete „aus zweiter Hand", **i andra hand**. Das heißt, der Hauptmieter oder Eigentümer vermietet die Wohnung unter.

Men med två stora väskor att släpa på och en stark sol som skiner är Ella helt slut när hon kommer fram. Hon öppnar kuvertet med nycklarna. Hon fick dem skickade till sig per post. På insidan av kuvertet står portkoden[i]. Hon slår in de fyra **siffrorna** och dörren **låses upp**.

siffra *u*	Ziffer
låsa upp	aufschließen
endast	ausschließlich
kaklat	gekachelt
besviken	enttäuscht
vägg *u*	Wand
på glänt	angelehnt (Tür)
diskmaskin *u*	Spülmaschine
golvyta *u*	Bodenfläche
föräldrar *pl*	Eltern

Hissen är liten. Ella får åka upp med en väska i taget. Hon orkar inte gå uppför trapporna till femte våningen. När hon till slut står utanför lägenhetsdörren känns det overkligt. Hon står utanför sitt nya hem. Nyckeln passar perfekt i låset.

Ella har **endast** sett fotografier av lägenheten. På dem såg lägenheten relativt ny ut. Ett vitt **kaklat** badrum och ett litet kök med marmorbänk. När hon öppnar dörren blir hon – för första gången sedan hon kom till Stockholm – inte **besviken**. Hallen är ljus med vita **väggar**. Rakt fram ligger det moderna badrummet. Till höger ligger ett litet vardagsrum. Balkongdörren står lite **på glänt**. Köket är litet men väldigt rent. Det finns till och med en liten **diskmaskin**! Sovrummet är ännu mindre än vardagsrummet. Dubbelsängen tar upp nästan hela **golvytan**, men mellan gardinerna skiner solen in.

Ella älskar lägenheten. Med mobiltelefonen tar hon foton av rummen och skickar dem till sina **föräldrar**. Hon tar av sig ytterkläderna och börjar titta i skåpen. Eftersom hon hyr lägenheten möblerad finns i princip

In Schweden gibt es oftmals ein **digitales Zahlenschloss**, mit dem man die Tür öffnen kann. Manchmal fungieren diese Zahlencodes auch als Klingel.

allting hon behöver. Det enda hon ska göra nu är att packa upp sina kläder och toalettartiklar.

i knäet	auf dem Schoß
andas ut	ausatmen
surdegsbröd *n*	Sauerteigbrot
mysig	gemütlich
udda	ungewöhnlich
skylt *u*	Schild

Klockan är åtta på kvällen. Ella har kommit tillbaka från mataffären. Kylen och frysen är fulla och resväskorna undanstoppade i källarförrådet. Med en skål glass **i knäet** sitter hon i soffan och sätter på teven.
Äntligen kan hon **andas ut**. Nu är hon här, i sin nya bostad, i sin nya hemstad.
Även om det första mötet med Stockholm inte var så positivt som hon önskat, tänker hon att morgondagen kommer bli bättre. För i morgon är en spännande dag. I morgon ska Ella börja på sitt nya jobb.

> **Södermalm**, kurz *Söder*, ist ein zentral gelegener Stadtteil in Stockholm. Während *Södermalm* Ende des 19. Jahrhunderts vor allem von der Arbeiterschicht bewohnt wurde, ist es heute eine eher exklusive Wohngegend.

Ella har en lugn morgon hemma. Hon äter en god frukost med **surdegsbröd** och avokado, kaffe och färska jordgubbar. En riktig sommarfrukost. När hon stänger ytterdörren bakom sig känner hon sig glad. Känslan håller i sig när hon promenerar mot Nytorget. Nytorget är ett av de mest populära områdena på Södermalm (i). Gatorna är fulla av **mysiga** caféer och **udda** butiker. Ella beundrar de höga byggnaderna hon passerar. Det är oväntat lugnt ute.
"Det är precis så här det ska vara", tänker Ella och kan inte låta bli att le.
När hon svänger in på Nytorgsgatan ser hon **skylten** för

Ein Wortspiel: Das Adjektiv **glassig** erinnert an *glass* (Eis), bedeutet jedoch in der Umgangssprache etwa „schick" oder „luxuriös".

sitt nya jobb: *Glassigt* [i] – *Stockholms råaste glass.* Ella hade läst om den nyöppnade glassbutiken för en månad sedan. All glass var **så kallad** raw-food-glass och helt vegansk. I stället för mjölk används **nötter** för att producera glassen. Hemma i byn hade kommentarerna blivit: "Vad är det för fel på riktig glass? Vad de hittar på!". Med "de" menades stockholmarna. Men Ella tycker att det låter spännande.
"Och nu ska jag jobba i butiken", tänker hon.

så kallad	sogenannt
nöt *u*	Nuss
hejda	verhindern, stoppen
mansröst *u*	Männerstimme

Övning 4: Rätt eller fel? Welche Aussagen sind richtig? Kreuzen Sie an!

1. Nytorget ligger på Södermalm i Stockholm. ❐

2. Ella måste köpa möbler till sin lägenhet. ❐

3. *Glassigt* är en stadsdel i Stockholm. ❐

4. Ella ser fram emot att jobba i glassbutiken. ❐

5. Det är dåligt väder när Ella kommer till sin lägenhet. ❐

Dörren är öppen men höga röster **hejdar** Ella från att gå in.
"Om du kommer hit en gång till ringer jag polisen!" skriker en kvinna.
"Du ska allt få betala!" säger en **mansröst**. "Vänta du bara!"

Ella är tvungen att kasta sig åt sidan för att inte bli **knuffad** av mannen som backar ut ur lokalen och försvinner bort längs gatan. Hjärtat **slår** hårt i bröstet. Vad handlade det där om?

"Stanna där du är", viskar någon precis bredvid Ella. Hon hoppar till och nu håller hjärtat på att stanna.

"**Jag ger mig**", säger hon. "Bara säg vad du vill ha."

Personen bredvid henne skrattar.

"Ta det lugnt. Jag ska inte **råna** dig."

Ella vänder sig om. En tjej i hennes egen ålder håller handen för munnen för att **kväva** skrattet. Ögonen är stora och klarblå.

knuffad	umgerempelt
slå	schlagen
Jag ger mig!	Ich gebe auf! Ich ergebe mich!
råna	ausrauben
kväva	unterdrücken
ägare *u*	Besitzer
före detta	ehemalig, Ex-
lämna	verlassen
lura ngn	jmd. betrügen
olaglig	illegal
påminna ngn	jmd. erinnern

"Jag antar att det är du som är Ella", viskar hon. Ella nickar.

"Jag heter Klara och jobbar på *Glassigt*."

"Varför står vi här och viskar?" frågar Ella.

"Det var **ägaren** Amandas **före detta** pojkvän Tomas som just **lämnade** butiken", säger Klara. "De startade företaget ihop. Men han försökte **lura** henne på pengar genom att göra något **olagligt**."

Ella kan inte tro sina öron. Det är som en film.

"Det är bäst att jag går in och lugnar ner Amanda innan du kommer." Klara går in genom dörren.

"Hej, Amanda! Jag såg att Tomas var här igen. Är du okej?"

"Nej, jag är inte okej!" skriker Amanda. "Jag måste gå."

"Den nya tjejen, Ella, kommer i dag", **påminner** Klara. "Men jag kan ta hand om henne."

"Det vore **toppen**, Klara. Jag måste ringa min **advokat**." Amanda kommer ut genom dörren.

Väggarna är målade i ljusa pastellfärger. Längs ena sidan hänger inramade tidningsartiklar. Mitt emot står en lång **glassdisk** med minst tjugo **smaker**.

↯ **toppen**	großartig
advokat *u*	Rechtsanwalt
glassdisk *u*	Eistheke
smaker *pl*	Geschmacksrichtungen
helg *u*	Wochenende
↯ **full rulle**	viel los, volles Haus
odla	anbauen

"Wow!" utbrister Ella. "Det ser helt fantastiskt ut!"

"Vänta tills du smakar på glassen", säger Klara och ler.

Ella följer efter Klara in bakom disken. Ella hänger av sig jeansjackan. Klara berättar hur en vanlig dag ser ut.

"Vi öppnar klockan tio, om en timme alltså. De flesta kommer runt femtiden på vardagar. På **helgerna**[i] är det **full rulle** från morgon till kväll." Ella får lära sig hur kassan fungerar och hur hon ska lägga upp glassen.

"Är det inte väldigt billigt för att vara raw-food-glass?" frågar Ella.

"Jo, och det är det som är ett av problemen med Tomas." Klara suckar. "När Amanda och Tomas startade företaget kom de överens om att Amanda skulle ansvara för allt som har med butiken att göra. Tomas skulle ansvara för produktionen. Tomas bästa vän har kontakter i Brasilien. Han känner folk som **odlar** cashewnötter där. De fick ett

På helgerna bedeutet „am/jedes Wochenende" und wird benutzt, wenn man Gewohnheiten und Regelmäßigkeiten beschreibt. *I helgen* kann sich, je nach Kontext, auf das gerade vergangene (*Vad gjorde du i helgen?*) oder das kommende Wochenende (*Vad ska du göra i helgen?*) beziehen. Ähnlich ist es bei Wochentagen.

bra pris samtidigt som de visste vart pengarna går och att nötterna är ekologiskt odlade." Ella lyssnar intresserat.

Övning 5: Verb. **Wie lauten die fehlenden Verbformen in der Tabelle? Schreiben Sie auf!**

Presens	Preteritum
1. *försöker*	försökte
2.	kunde
3.	startade
4.	lämnade
5.	fick

"Men sedan hände något. Jag vet inte helt säkert, men Tomas ville börja ta mer betalt. Han ville tjäna mer pengar själv. Konceptet var från början att sälja nyttig glass för lite pengar." Klara gör en paus.

bonde *u*	Bauer
bråka	streiten
annorlunda	anders, andersartig
minska ngt	etw. verringern

"Amanda vill inte lura **bönderna** i Brasilien. Hon vill inte heller ändra konceptet."
"Så nu **bråkar** de om det?" frågar Ella.
"Det finns mer", säger Klara. "För en månad sedan upptäckte Amanda att glassen smakade **annorlunda**. Det visade sig att Tomas **minskat** nötmängden i glassen. På så vis får de mer för pengarna när de säljer glass."

"Vad hände sen?" Ella kan inte tro sina öron. Den där Tomas låter inte som en trevlig typ.
"De hade ett stort bråk om det. Amanda anklagar Tomas för att **förskingra** pengar. Tomas **hotar** däremot Amanda med att **dra sig ur** helt. Om han gör det vet hon inte varifrån hon ska få nötterna."
"Vilket drama!" säger Ella.

förskingra ngt	etw. unterschlagen
hota ngt/ngn	jmd./etw. bedrohen
dra sig ur ngt	sich aus etw. zurückziehen
göra slut	Schluss machen, sich trennen
granne *u*	Nachbar
skvallra	tratschen
träsked *u*	Holzlöffel
ljuvlig	herrlich

"De **gjorde slut**, förstås", säger Klara.
"Men vad säger **grannarna**?" Ella kan knappt föreställa sig vad som hänt om de varit i Löddeköpinge nu. Alla – och hon menar alla – hade pratat om det.
"Deras grannar?" Klara ser ut som ett frågetecken. "Vad menar du?"
"Ja, de måste ju **skvallra** med varandra om det här", säger Ella.
"Det skulle förvåna mig om Amanda eller Tomas vet vem deras grannar är." Hon räcker över en **träsked** till Ella. "Smaka den här karamellglassen."
Ella har aldrig smakat något liknande förut. Glassen liksom smälter i munnen.
"Den är **ljuvlig**!"
"Amanda vill att vi som jobbar ska veta vad vi erbjuder kunderna. Det betyder ..." Klara tar en konstpaus. "Det betyder att det är dags för dig att prova alla smaker!"

Förmiddagen går snabbt. Ella provar glass som smakar allt

från apelsinchoklad och rabarber-vanilj till lavendel och **solrosfrö**.

Övning 6: Pronomen. Lesen Sie weiter und unterstreichen Sie *de* oder *dem*!

När det kommer kunder studerar Ella hur Klara bemöter **1.** de / dem, lägger upp glass och städar rent när **2.** de / dem har gått. Klockan ett går Ella iväg till Kaferang som ligger runt **hörnet**. Där köper hon varsin grillad **macka** med olika **svampar** till **3.** de / dem.

"**4.** De / Dem har den bästa lunchen", **upplyser** Klara.

Ella har inte provat någon annan restaurang i Stockholm. Men hon **håller med** om att det är riktigt gott.

Under eftermiddagen blir det ett högre tempo. Nu får Ella lägga upp glass. Klara tar betalt. När klockan blir sex på kvällen stänger Klara ytterdörren och **låser**.

"Bra teamwork!" säger hon och gör high five med Ella. De lägger undan all överbliven glass och **rengör** alla ytor i butiken. Klockan sju är de redo att gå hem.

solrosfrö *u*	Sonnenblumenkern
hörn *u*	Ecke
ϟ **macka** *u*	Sandwich
svamp *u*	Pilz
upplysa	informieren
hålla med	zustimmen
lås *n*	Schloss
rengöra	sauber machen
tyst	still

"Det är långa arbetsdagar", säger Klara. "Men som sommarjobb är det okej." Hon blir **tyst** en stund. "Jag ska förresten

träffa min flickvän[i] och ta en drink. Vill du följa med?" Ella ler stort.
"Ja, gärna!"
Vilken skillnad i känsla mellan i går och i dag, tänker Ella. I går hade hon **ifrågasatt** sitt beslut att flytta till Stockholm. I dag är den tanken helt **främmande**.

> Für die zwei Bedeutungen des deutschen Wortes „Freundin" gibt es im Schwedischen zwei Wörter: **flickvän** bezeichnet eine Liebesbeziehung, *vän* oder *väninna* eine Freundschaft.

Hon tar en snabb dusch när hon kommer hem. Klockan nio ska hon träffa Klara på *Bleck*. Det är en bar med en stor terrass. Hon gör en grekisk sallad som hon äter på balkongen. Trots att klockan är åtta på kvällen värmer solen. Efter middagen tar hon på sig ett par tunna långbyxor och en ljusblå knytblus. I väskan lägger hon ner en kofta.

ifrågasätta	in Frage stellen
främmande	fremd
bortre	hintere
se i syne	sich täuschen, nicht recht sehen
skäggig	bärtig

> **Skånegläntan** ist ein Spielplatz in der Mitte von Södermalm.

Den här gången tar hon vägen genom Skånegläntan[i]. Barn i alla åldrar springer omkring med bara fötter.
På Götgatan är det fullt med folk.
Hon korsar gatan än en gång och går över till Blecktornsparken. I den **bortre** änden av parken ser hon baren Bleck. Ella kan inte se Klara. Hon tittar på gästerna. För en sekund tror hon att hon **ser i syne**. Minst femton personer ser ut som den **skäggige** mannen på tunnelbanan!
"Hipsters[i]", viskar hon förundrat. "Riktiga hipsters."
Medan hon väntar tänker hon på dagen som gått. Hon är

glad att hon och Klara **kommer** så **bra överens**. De kommer att jobba ihop fem dagar i veckan.

Övning 7: Motsatser. Wie lauten die Gegenteile? Ordnen Sie zu!

1.	*d* lång	a) liten
2.	☐ stor	b) bakom
3.	☐ varm	c) öppna
4.	☐ stänga	d) kort
5.	☐ framför	e) kall

”Där är hon!” hör hon Klara ropa. Hon vinkar åt Ella med ena handen. I den andra håller hon en tjej med långt svart hår. Bakom dem går en rödhårig kille – med skägg såklart.

”Det här är Mira”, säger Klara och Ella tar tjejens hand. ”Och det här är Henrik. Han jobbar också på *Glassigt*.”

komma bra överens	sich gut verstehen

Das Stereotyp eines **schwedischen Hipsters** ist ein bärtiger Mann mit halblangen, im Dutt getragenen Haaren, der sich als äußerst entspannt und kulturell versteht, sich jedoch auf keinen Fall selbst als Hipster bezeichnen würde. Auf Södermalm finden sich einige, die dieser Beschreibung entsprechen.

Ella skakar även hand med honom.

”Jag och Amanda jobbar ihop de dagar som du och Klara är lediga”, säger Henrik. ”Amanda är min syster.”

Ella vill fråga så många saker om Amanda, men vågar inte.

"Klara berättade att du är insatt i bråket mellan Amanda och Tomas", säger Henrik.
Läser han hennes tankar?
"Tomas är en riktig **skurk**", fortsätter han. "Han tänker aldrig på någon annan än sig själv."
"Han är en brat (i)", säger Mira.

skurk *u*	Schurke, Mistkerl
hittills	bisher
med tanke på	angesichts
läskig	gruselig, unheimlich
sätta dit ngn	jmd. festsetzen/ drankriegen
rigga en fälla	eine Falle stellen
tagen	festgenommen

"Det är han inte!" ropar Klara och Henrik i kör.
"Mira kallar alla hon inte tycker om för brats", förklarar Klara.
De sätter sig vid ett bord och beställer varsin St Germain Spritz.
"Vad tycker du om Stockholm **hittills**, Ella?" frågar Henrik och sippar på sin drink.
"**Med tanke på** att jag redan sett en tjuv och jobbar för en annan kriminell ... **Läskigt**!"
De andra skrattar.
Resten av kvällen pratar de om Stockholm, om att bo i en liten by och om hur de ska **sätta dit** Tomas.
"Jag tycker att vi ska **rigga en fälla**", säger Mira allvarligt.
"Och själva bli **tagna** av polisen? Nej tack!" säger Klara.
De reser sig upp och börjar

(i) Das englische Wort **brat** (etwa „verwöhntes Kind") wird im Schwedischen oft für junge, eingebildete Menschen verwendet, die teure Markenkleidung tragen und von dem Geld ihrer Eltern leben; im Deutschen würde man „Snob" oder „verzogene/r Balg/Göre" sagen. In Stockholm finden sich diese Menschen vor allem im schicken Stadtteil Östermalm.

gå mot Skanstull. Vid tunnelbanan vinkar Ella hejdå och fortsätter sin promenad hemåt.

Övning 8: Fyll i tomrummen. Lesen Sie weiter und füllen Sie die Lücken mit den unten stehenden Wörtern!

~~dag~~ nervös här frukost chef röster säga

Nästa **1.** _dag_ är Ella ledig. Hon sa till Henrik att hon skulle komma förbi *Glassigt* för att **2.** ________ hej till honom och Amanda. Precis som i går äter hon en god **3.** ________ på balkongen. Hon är lite **4.** ________ för att träffa Amanda. Det är ju trots allt hennes **5.** ________.
När Ella står utanför glassbutiken hör hon återigen **6.** ________.
Men den **7.** ________ gången är det Amandas och Henriks.

röst *u*	Stimme
snäsa	(an)schnauzen

"Hur kan du ta emot presenter från honom?" frågar Henrik. Hans **röst** är arg. "Efter allt han gjort mot dig."
"Jag har inte förlåtit honom om du trodde det," **snäser** Amanda åt sin bror.
"Tycker du inte att det är lite misstänkt att han bara ger dig en utan vidare?"
Ella undrar vad det är Amanda har fått.
"Jag vet vad du tycker, Henrik", säger Amanda. "Men jag är så trött på att vara arg." Ella hör Amandas fotsteg försvinna bort. Hon kliver in i butiken.

fläta *u*	Zopf
krystad	angespannt
gullig	nett, lieb
skarp	scharf
galen	verrückt
tjuvlyssna	heimlich zuhören

"Hej! Se vem som är här." ropar Henrik.
En kvinna med en röd **fläta** och gröna ögon kommer ut från kontoret. Hennes ansikte är till en början spänt.
"Ja?" frågar hon med ett **krystat** leende.
"Eh, jag heter Ella och jag ..." börjar Ella.
"Ella, välkommen!" Amanda sträcker fram handen. "Jag är ledsen att jag inte kunde ta emot dig i går. Jag var tvungen att gå på ett möte." Ella och Henrik utbyter blickar.
"Det gör ingenting. Klara var väldigt hjälpsam och **gullig**."
En telefonsignal hörs och Amanda plockar upp en blå telefon ur fickan.
"Hallå?" svarar hon.
Märkligt, tänker Ella. Den blå färgen påminner om telefonen på tåget.
"Okej, då ses vi snart", säger Amanda och lägger på. "Tomas är här snart. Var snäll", säger hon **skarpt** till Henrik. Han vänder sig om och vinkar åt Ella att följa med honom in på kontoret.
"Det är helt **galet**", säger han. "Tydligen har Amanda fått en massa saker av Tomas ..."
"Jag hörde", avbryter Ella och rodnar. "Jag råkade höra ert samtal innan jag gick in." För sig själv undrar hon om hennes dagar alltid kommer börja med att **tjuvlyssna** (i) på sina kollegor.

(i) Der erste Teil des Wortes **tjuvlyssna** (heimlich zuhören) bedeutet wortwörtlich „Dieb“ (tjuv) und findet sich auch in anderen zusammengesetzten Verben, die alle eine geheime und/oder unzulässige Handlung beschreiben: *tjuvröka* (heimlich rauchen), *tjuvkika* (spicken, abgucken), *tjuvträna* (heimlich trainieren).

"Jaså", säger Henrik och ler lite. "Jag antar att halva Stockholm också gjorde det." De båda tystnar.
"En kula med **lingon**-lavendel och en med salt **havre**, tack", hör de en kund säga.
"Lingon-lavendel?" säger Ella.
"Den är jättegod. Prova!"
De går ut i butiken precis när Amanda håller på att ta betalt. Henrik tar en träsked med lingon-lavendelglassen och räcker över den till Ella. Hon ska just stoppa skeden i munnen för att smaka när dörren till butiken öppnas.

lingon *n*	Preiselbeere
havre *u*	Hafer
viska	flüstern
förvåning *n*	Überraschung, Staunen
upphittad	gefunden
pressad	*hier:* unter Druck gesetzt
baksida *u*	Rückseite
spänna blicken i ngn	jmd. scharf ansehen

"Tomas", **viskar** Henrik till Ella.
"Det är han!" viskar hon till Henrik.
"Jag sa ju det", viskar han tillbaka.
"Det här är Tomas, min partner", säger Amanda till Ella.
"Vi har träffats förut", säger Ella.
Förvåningen syns tydligt i Henriks och Amandas ansikten. Men Tomas ser allra mest förvånad ut.
"Jag gav dig en **upphittad** mobiltelefon på tåget mellan Lund och Stockholm." Ella gör en paus. "Mobilen Amanda har i fickan."
"Va?" säger Amanda och tittar på Tomas. "Är det sant? Och vilket tåg mellan Lund och Stockholm?"
"Hon ljuger", säger Tomas, men Ella kan se att han är **pressad**. "Jag har inte varit på något tåg och jag har definitivt inte tagit emot en telefon."
"Jag kan bevisa det", säger Ella. "Amanda, titta på **baksidan** av telefonen. Det finns en repa där, eller hur?" Ella **spänner blicken i** Tomas.

"Tomas?" säger Amanda långsamt. "Stämmer det som Ella berättar?"

"Jag ... Nej, jag ..."

"Jag trodde att du var i Gävle hos dina föräldrar i helgen", fortsätter Amanda. "Så hur kommer det sig att du var på ett tåg i helt motsatt riktning?" Hennes ögon brinner av **ilska**. "Du är den mest **lögnaktiga** skit jag någonsin träffat!"

ilska *u*	Wut, Zorn
lögnaktig	lügnerisch, verlogen
gnälla	jammern
möte *n*	Treffen
vara otrogen	fremdgehen
polisanmälan *u*	Anzeige bei der Polizei

Tomas springer ut ur butiken.

"Kom aldrig mer tillbaka!" skriker Amanda.

Henrik tittar på Ella.

"Vill du jobba ett extra pass i dag?"

"Men hur kunde jag missa det här?" **gnäller** Klara när Ella berättar om gårdagens **möte** med Tomas.

"Det finns mer", säger Ella och ler. Hon minns att Klara använt samma ord när hon berättat om konflikten för henne. "Det visade sig att Tomas varit **otrogen** mot Amanda under en längre tid."

"Du skojar!"

"Och jag har gjort en **polisanmälan** mot Tomas. Kanske kan telefonens riktiga ägare få tillbaka den."

Dörren till *Glassigt* flyger upp.

Både Ella och Klara hoppar till.

Gävle ist eine Stadt, die etwa 200 km nördlich von Stockholm liegt. Bekannt ist die Stadt für *Julbocken*, ein großer Ziegenbock aus Stroh, der jedes Jahr zur Adventszeit aufgestellt wird – und bisher so gut wie jedes Jahr angezündet wurde.

"Tomas har blivit **gripen** av polisen!" förkunnar Henrik. "Va?" ropar Ella och Klara samtidigt. "Polisen åkte hem till Tomas i går. Där hittade de **stöldgods**." "Stackars Amanda", säger Ella. "Nej, lyckliga Amanda!" säger Klara. "Nu är hon fri från Tomas! Om han åker i **fängelse** kan han inte förstöra för henne och butiken mer!"

gripa ngn	jmd. verhaften
stöldgods *n*	Diebesgut
fängelse *n*	Gefängnis

"Tack, Ella!" säger Henrik. "Vilken hjälte du är!"
Ella skrattar. En mer spännande start på sitt nya liv hade hon inte ens kunnat drömma om.

Övning 9: Vad ska bort? **Welches Wort ist das „schwarze Schaf" und gehört nicht in die Reihe? Streichen Sie durch!**

1. tåg perrong biljett resväska mataffär
2. hör gick plockar tänker rodnar
3. hon hennes du jag ni
4. lingon karamell sked havre choklad
5. bror farmor mormor syster man

Äntligen fri

Charlotte Müntzing

Anna und Lasse sind mit ihrer Tochter Lisa auf dem Weg in ihr neues Ferienhaus. Im Radio hören sie plötzlich die Nachricht, dass der schwedische Ministerpräsident Olof Palme ermordet worden ist. Die Mitteilung ist ein Schock, von dem sich beide erst einmal erholen müssen. Dann sieht Anna bei einer Tankstelle einen Verdächtigen, der genau auf die Beschreibung der Tatverdächtigen passt. Diese Begegnung wird Anna noch lange verfolgen ...

Anna: Die Verlagsangestellte Anna macht einige Jahre nach der Ermordung von Olof Palme einen Kurzurlaub mit ihrem Mann. Während sie sich für das Abendessen auf der Schiffsfahrt umzieht, scheint sie ihren Augen nicht zu trauen. Ein Passagier kommt an Bord, den Anna aus ihrer Vergangenheit kennt.

Lasse: Eine Schiffsfahrt auf dem Göta Kanal ist für Lasse genau richtig, um den Jahrestag seiner glücklichen Ehe mit Anna zu feiern. Nie hätte er gedacht, dass ihn die Vergangenheit dort einholt. Am Ende der Reise versteht er, was er lange nicht geglaubt hatte.

Sommaren 1980

Hon är sjutton år. Hon går nerför trappan till nattklubben på Oxford Street i London. Hennes hår[i] är långt och blont. Nere på **dansgolvet** står en ung man. Han är lång, har mörkt hår och ser ut som den romantiske man som brukar finnas i **kärleksromaner**. De dansar hela kvällen. Sedan följer han henne genom Londons gator till hennes hotell. De klättrar över **låsta grindar** in i små parker. På en soffa i en park kysser de **varandra**. **Om och om igen**.

Nästa morgon tar hon flyget hem till Stockholm. De **brevväxlar** en tid. Hon **sparar** hans bild. Sedan träffar hon en man som hon **gifter sig** med. Då **river** hon **sönder** bilden. Men hon **glömmer** aldrig hur han ser ut.

Hår ist auf Schwedisch immer Singular, auch wenn alle Haare gemeint sind. Meint man ein einzelnes Haar, sagt man *ett hårstrå*.

dansgolv *n*	Tanzfläche
kärleksroman *u*	Liebesroman
låst	gesperrt, verriegelt
grind *u*	Pforte, Gatter
varandra	einander; sich
om och om igen	immer wieder
brevväxla	korrespondieren, im Briefwechsel stehen
spara	aufheben, speichern
gifta sig	heiraten
riva sönder	zerreißen
glömma	vergessen

1 mars 1986 vid fyratiden[i] på eftermiddagen

”Vilken härlig dag. Bra att vi gick upp tidigt så att vi kunde titta ordentligt på allting. Nu är det ju mörkt ute.” Anna sträcker ut handen och klap-

Vid fyratiden ist eine ungenaue Zeitangabe, etwa „so um vier“. Wenn 16 Uhr genau gemeint ist, sagt man *klockan fyra*, und wenn es noch genauer auf die Minute ist *prick fyra*.

par sin man Lasse på **kinden**.
"Ja. Äntligen har vi köpt ett **fritidshus**. Vi letade i tio år. Nu är vi lyckliga **ägare** till ett hus med egen strand. Inte dåligt. När all snön smälter får vi se hur **trädgården** ser ut."
"Grannen säger att det är fullt med **tussilago** och **blåsippor** på **våren**."
Anna **böjer sig** över mot **baksätet** där en liten flicka ligger och sover.
"Det blir bra för Lisa att växa upp där på somrarna och alla skolloven. Kan du inte sätta på radion lite tyst? De kanske spelar någon fin musik."
"Radion är **trasig**. Bara knaster. Jag måste köra in till den här bensinstationen[i]. Bensinen är nästan slut."
Lasse kör in bilen till en bensinstation vid Arlanda flygplats utanför Stockholm.

kind *u*	Wange
fritidshus *n*	Ferienhaus
ägare *u*	Eigentümer, Besitzer
trädgård *u*	Garten
tussilago *u*	Huflattich
blåsippa *u*	Leberblümchen
vår *u*	Frühling
böja sig	sich beugen
baksäte *n*	Rücksitz
trasig	kaputt
ϟ **Jäklar!**	Verflixt! Verdammt!
vända	umkehren
strålkastare *u*	Scheinwerfer
ljus *n*	Licht
synas	sichtbar sein
tydlig	deutlich

Ein häufig verwendetes Wort für Tankstelle ist *(bensin)mack*, ursprünglich eine Abkürzung für **M**atthiasson, **A**ndersson, **C**ollin & **K**ey, eine der ersten Tankstellenfirmen in Schweden.

"**Jäklar**! Jag körde fel. Jag måste köra ner här och **vända**. Då kommer jag på rätt sida om pumpen."
Bilens **strålkastare** träffar tre män som står en bit från bensinstationen. De pratar ivrigt med varandra och blir överraskade av bilens **ljus**. De **syns** mycket **tydligt**. En av männen är en lång man

med mörkt hår. Han är klädd i en lång, svart rock[i]. De andra har **täckjackor**. En blå och en beige.

Achtung, **falscher Freund!**
en rock = ein Mantel;
ein Rock = *en kjol*

"Så överraskade de ser ut", säger Anna.
"Ja, de vill nog inte att vi ska se dem."
Lasse kör runt en bensinpump och kommer på rätt sida. Han går ur bilen och tankar. Anna sitter kvar i bilen. Hon tänker på de tre männen. Varför reagerade de så starkt när de träffades av ljuset? Som om de blev ertappade med någonting.

täckjacka *u*	Steppjacke
herrgårdsvagn *u*	Kombiwagen

Övning 1: Prepositioner. Lesen Sie weiter und setzen Sie die richtige Präposition ein!

bredvid | över | på | ~~in~~ | på | mot

Lasse går **1.** _in_ **2.** __________ bensinstationen för att betala och köpa en kvällstidning. En bil kör upp **3.** __________ Annas bil. Det är en röd **herrgårdsvagn**. Det är mannen med den svarta rocken som kör bilen. Han böjer sig **4.** __________ **5.** __________ Annas sida och ser uppmärksamt **6.** __________ henne.

Sedan kör han fram en liten bit och kollar bilens **registreringsnummer**[i]. Så kör han därifrån. Anna tar fram en penna ur bilens handskfack. På en gammal parkeringsbiljett skriver hon ner numret på den röda Volvon. I **backspegeln** ser Anna hur de två andra männen försvinner bakom bensinstationen. Lasse öppnar bildörren och sätter sig bakom **ratten**.

> **Autokennzeichen** in Schweden bestehen immer aus drei Buchstaben und drei Zahlen. Die Stadt, in der das Auto registriert wurde, kann man nicht erkennen.

"Kör runt bensinstationen", säger Anna. "Men fort."

Knappt en minut efter att männen har försvunnit är Anna och Lasse på husets baksida. Av männen syns inte ett spår. Det står några bilar parkerade **utmed** huset, men hela den stora gården är **tom.**

"Men... de måste vara här", säger Anna.

"De gömmer sig nog bakom någon av de där bilarna", säger Lasse. "Det är ingenting vi vill bli **inblandade i**. Nu kör vi härifrån."

"Men, Lasse...."

"Ja, vad då?"

"Nej. Det var ingenting."

Han kör bort från bensinstationens område.

"Pröva om radion fungerar", säger han. "Jag vill höra lite fin musik. Jag **skruvade** på antennen när jag tankade. Kanske var det bara ett antennfel."

Radion fungerar och fem minuter senare vet Anna och Las-

registrerings-nummer *n*	Autokennzeichen
backspegel *u*	Rückspiegel
ratt *u*	Steuer, Lenkrad
utmed	entlang
tom	leer
inblandad i ngt	in etw. verwickelt
skruva	schrauben

se att Sveriges statsminister, Olof Palme[i], har blivit **skjuten**. Han är **död**.

skjuta	schießen
död	tot
ligga bakom ngt	hinter etw. stecken
lämna	hinterlassen, abgeben
vittne *n*	Zeuge
ytterligare	noch, zusätzlich
tro	glauben
allvarlig	ernst

De följande dagarna handlar allt om mordet på Olof Palme. TV och tidningar är fulla av teorier om vem som **ligger bakom** mordet. Statsministerns fru står vid sin mans sida när han blir skjuten. Hon **lämnar** en beskrivning på hur mördaren ser ut. Han är lång och har mörkt hår och är klädd i en lång, svart rock. Andra **vittnen** säger att de har sett **ytterligare** två män. Båda klädda i täckjackor. Den ena jackan är blå.

Olof Palme (1927-1986) war ein sozialdemokratischer Politiker und zweimaliger *statsminister* (Ministerpräsident) Schwedens. International war er als starke Stimme für Abrüstung und Völkerverständigung bekannt. Der bis heute unaufgeklärte Mord an ihm kann als ein nationales Trauma Schwedens beschrieben werden.

"**Tror** du att männen vi såg på Arlanda kan ha något med mordet att göra?" frågar Anna sin man.
"Kanske."
"Tycker du att jag ska ringa och berätta för polisen[i] vad vi såg?"
"Vad var det vi såg? Tre män vid en bensinstation? Hur spännande är det?"
Annas röst är **allvarlig**.
"Lasse. Jag kände igen honom. Jag vet vem han är."

Polis(en) kann sowohl „(die) Polizei" als auch „(der) Polizist" oder „(die) Polizistin" bedeuten. Nur wenn das Geschlecht der Person besonders betont werden soll, heißt es *polisman* oder *poliskvinna*.

kö *u*	Schlange (Personen)
återkomma	zurückkommen
biluthyrning *u*	Autovermietung
hyra	mieten
skydda	(be)schützen
tanke *u*	Gedanke

”Va?“, säger Lasse förvånat.
”Ja. Jag vet faktiskt mycket om honom”, säger Anna. ”Men bara för att du känner igen honom så betyder det inte att han har något med mordet på statsministern att göra. Det är ju bara kläderna (i) som stämmer med det vi läser i tidningarna. Vill du ringa och berätta för polisen? Är det inte viktigt så säger polisen det. Är det viktigt så har du hjälpt dem.”

> Das Wort **kläder** steht immer im Plural. Ein einzelnes Kleidungsstück heißt *ett klädesplagg*, nicht zu verwechseln mit *en klänning* (ein Kleid).

Anna sätter sig vid telefonen. Hon ringer till polisen. Det är **kö**. ”**Återkom** senare” är meddelandet som lämnas på telefonen. Hon ringer två gånger till. Samma resultat. Dagen därpå ringer Anna till bilregistret. Den röda Volvon tillhör en **biluthyrnings**firma på Sveavägen (i), inte långt från den plats där Olof Palme blev mördad.
”Tror du att bilfirman talar om för mig vem som **hyrde** bilen?” frågar hon sin man.
”Naturligtvis inte”, svarar Lasse. ”De **skyddar** sina kunder. Polisen får veta om de frågar.”
Den natten ligger Anna vaken. **Tankarna** maler i huvudet på henne.
Ska hon ringa och berätta vad hon såg? Hur kommer hon att bli behandlad av polisen? De kommer att ställa en massa frågor.

> **Sveavägen** ist eine von Norden nach Süden verlaufende Hauptverkehrsstraße in den Stockholmer Stadtteilen *Vasastaden* und *Norrmalm*. Die Straße, in der Olof Palme ermordet wurde, trägt heute seinen Namen: *Olof Palmes gata*.

Hur kan du vara så säker på att den mannen ni ser vid Arlanda är samma person som du träffade för tio år sedan?

läpp *u*	Lippe
närgången	zudringlich
fiende *u*	Feind
brevlåda *u*	Briefkasten

Vill hon sitta hos polisen och förklara att minnet av den mannens **läppar** och ögon var någonting hon aldrig skulle glömma? Hur **närgångna** skulle deras frågor bli? Och vem är vän och vem är **fiende**? Tänk om det finns poliser som är inblandade? Då kan jag bli ett farligt vittne.

Anna går upp. Hon går ner i köket och brygger kaffe. Sedan går hon ut till **brevlådan** för att hämta morgontidningen. Hon tar upp tidningen ur brevlådan. Hon ska just stänga den när hon ser att lådan inte är tom. Det ligger en bild på botten. Anna tar upp bilden. Den föreställer hennes lilla dotter som leker framför deras hus. Flickan har sin nya klänning på sig. Den är bara två dagar gammal. Bilden får Anna att bestämma sig. Mordutredarna får klara sig utan henne. Kanske är jag den enda som vet att Peter är i Sverige dagen efter mordet. Kanske är jag den enda som har känt igen honom. Jag måste skydda mig och min familj. Jag glömmer alltihop."

Hon talar högt för sig själv medan hon går fram och tillbaka över kökets golv. Hennes händer skakar när hon åter ser på bilden.

Der Freitagabend ist in Schweden traditionell der Familie gewidmet. Man schaut Fernsehen, isst etwas zusammen und stimmt sich entspannt auf das Wochenende ein. Diese Tradition nennen die Schweden **fredagsmys**.

Några år senare.

Anna, Lasse och deras dotter sitter i soffan och har fredagsmys[i]. Vin, hallonsaft, köttbullar och räksmörgås. TV visar en film som handlar om mordet på statsminister Olof Palme. Den berättar om olika **utredningar** och teorier. I en filmsekvens visas en lång, mörkhårig man som stiger in i en bil. Det avsnittet kallas för *Det sydafrikanska spåret.*

utredning *u*	Ermittlung
rusa upp	auffahren
visserligen	zwar
fet	dick, fett
hälla upp	einschenken

Övning 2: Rätt eller fel? Welcher Satz ist korrekt? Kreuzen Sie an!

1. ❐ **a)** Nästa morgon tar hon tåget hem till Stockholm.

   ❐ **b)** Nästa morgon tar hon flyget hem till Stockholm.

2. ❐ **a)** Lasse och Anna har köpt ett fritidshus.

   ❐ **b)** Lasse och Anna har köpt en båt.

3. ❐ **a)** Statsministern blir skjuten.

   ❐ **b)** Statsministern blir knivskuren.

4. ❐ **a)** Anna hämtar tidningen i brevlådan.

   ❐ **b)** Anna hämtar tidningen under brevlådan.

”Där är han!” skriker Anna och **rusar upp** ur soffan. ”Det är han. **Visserligen** äldre och **fetare** – men det är Peter.”
”Sa vi inte att vi skulle glömma det där?” säger Lasse och **häller upp** lite mer vin till sin fru. ”Det är alldeles för starka krafter i den här historien. Vi glömmer alltihop. **Dess-**

utom har man ju **häktat** den där Christer Pettersson[i]. Kanske är det han som är mördaren."

"Det tror jag inte en sekund på", säger Anna. "Han är bara lik Peter. En mycket **grövre** version av Peter."

"Det kan ju vara så att Peter **råkade** vara i Sverige den där dagen. Han råkade ha en lång, svart rock på sig, hans kompisar råkade ha täckjackor på sig, han råkade hamna på en film från Sydafrika - men han har ingenting med mordet att göra."

"Tycker du inte själv att det där är för många råkade?"

"Nu släpper vi det där och tittar på **Lejonkungen** i stället", säger Lasse och **byter** TV-kanal.

dessutom	außerdem
häkta	festnehmen
grov	ungehobelt
råka göra ngt	zufällig etw. tun
Lejonkungen	König der Löwen
byta	*hier:* wechseln
pappersbunt *u*	Papierstapel
förlag *u*	Verlag
bröllopsnatt *u*	Hochzeitsnacht
kel *n*	Schmusen, Kuscheln
rejäl	ordentlich
hugg *n*	Hieb, Stich

Nutid

Med en suck låter Anna **pappersbunten** sjunka ner i knät. Ännu ett manus som handlar om vampyrer. Hur många historier om vampyrer har hon läst under sina år som redaktör på **förlaget**? Säkert hundratals. De handlar om vackra, unga kvinnor som på **bröllopsnatten** i stället för **kel**, kyssar och sex får ett **rejält hugg** i halsen. Den vackre, omtänksamme

Christer Pettersson war einer der Hauptverdächtigen im Mordfall Olof Palme. Er wurde 1989 zuerst schuldig gesprochen, in zweiter Instanz jedoch wieder freigesprochen.

mannen med de sammetsbruna ögonen förvandlas till en hungrig best som hugger sina långa, spetsiga **hörntänder** i den unga kvinnans hals. Inget kel alls. Tiden går och den unga bruden blir **blekare** och blekare. Den inbjudande dubbelsängen blir utbytt mot en **kista** med **lock**. I den sover hon nu alla dagar.

hörntand *u*	Eckzahn
blek	blass
kista *u*	*hier:* Sarg
lock *n*	Deckel
smörja *u*	Schund
hytt *u*	Kabine
trång	eng
slant *u*	Sümmchen
kudde *u*	Kissen
avlång	länglich

Varför skriver så många vampyrmanus, undrar Anna för sig själv, och varför måste jag läsa allihop? En av hennes kollegor på förlaget läser bara feel-good-manus. Hon går alltid omkring med ett leende på läpparna. Bara att läsa vampyr**smörjan** suger kraften ur mig, tänker Anna.

Auf einem **Schiff** nennt man das Bett *koj*, Küche heisst *byssa*, Boden heisst *durk* und Zimmer nennt man *hytt*.

Hon ser sig omkring i **hytten** [i]. Den är ganska **trång**. Två smala kojer och delad dusch i korridoren. Men hytten är mysig. Det här har kostat Lasse en vacker **slant**, tänker hon och lutar sig tillbaka mot **kuddarna** i kojen. Det är deras trettionde bröllopsdag i dag. På morgonen ger han henne kaffe på sängen. Rostat bröd, prosciutto, avokado. Ett stort, **avlångt** paket får hon tillsammans med en kyss.

Der **Göta Kanal** ist ein 190 Kilometer langer Wasserweg, der durch den schwedischen Teil Götaland verläuft. Unterwegs muss man durch 58 Schleusen fahren. Man kann entweder mit den teils historischen Kanalschiffen Tham, Juno und Diana fahren, aber auch mit privaten Booten.

”Den här vill jag att du har på dig i kväll när vi äter middag

sluss *u*	Schleuse
båtter-minal *u*	Schiffsabfahrts-terminal
urringad	dekolletiert
guldlänk *u*	Goldkette
klä om	sich umziehen

vid kaptenens bord", säger han. Så berättar han att han har bokat en kryssning för dem. Kanalbåt från Stockholm till Göteborg. Sex dagars resa på Göta kanal (i) och Göta älv med en gammal fin kanalbåt, Diana. Femtioåtta **slussar**.
"Båten går om tre timmar", säger han. "Packa väskan. Jag måste förbi kontoret. Ta en taxi till **båtterminalen** så ses vi där. Här är adressen." Han ger henne en papperslapp. I paketet ligger en djupt **urringad** svart sidenklänning. Ovanpå klänningen ligger en tjock **guldlänk** och ett kort. "Till min älskade. Din för alltid. Lasse."

Övning 3: Fyll i tomrummen. Lesen Sie weiter und ergänzen Sie die passenden Wörter!

middagen | ordning | drinkar | ~~ställer ner~~ | färdigt | båten | här

Anna **1.** *ställer ner* portföljen med manus på durken. Snart är det dags för **2.** __________ och middag. Bäst att jag gör mig i **3.** __________. Lasse kommer när han har pratat **4.** __________ med besättningen och tittat ordentligt på **5.** __________. Bäst att jag är färdig då så att han kan få ha hytten för sig själv när han **klär om** till **6.** __________. Så mycket plats är det ju inte **7.** __________.

Klänningen passar perfekt. Hon låter sitt långa hår hänga ner över ryggen. Den tjocka guldlänken runt hennes hals syns i urringningen. Ett par svarta **ormskinns**skor som hon har köpt i Spanien blir **pricken över i**. Hon lägger en tung make-up runt ögonen. Lasse tycker om när hon sminkar sig så. Hon vrider och vänder på sig framför den stora spegeln på väggen. Jo, hon ser bra ut.

ormskinn *n*	Schlangenhaut(optik)
pricken över i	das Tüpfelchen auf dem i
bre ut	ausbreiten
landskap *n*	Landschaft
lägga till	*hier:* (am Kai) anlegen

Lasse kommer in i hytten. Han stannar innanför dörren. Han ser på henne.

"Den vackraste kvinnan på jorden", säger han. "Och hon är min." Han **brer ut** armarna. "Kom!"

Under tiden Lasse klär om går Anna upp på övre däck. En servitör ger henne ett glas champagne. Anna står lutad mot relingen och tittar ut över **landskapet**. Kanalen är här så trång att det känns som om båten går på land. Hon vinkar till några barn som leker på en äng vid kanalens kant. Barnen vinkar tillbaka. Solen skiner. Det luktar stekt strömming[i] från byssan.

Strömming (Ostseeheringe) nennt man die Heringe, die im Norden von Öland gefangen werden. Südlich von Öland sind die Fische normalerweise größer und man nennt sie *sill* (Heringe). *Stekt strömming med potatismos* (gebratene Ostseeheringe mit Kartoffelpüree) sind heute eine sehr beliebte Delikatesse, früher war es Alltagskost.

Vilken bra idé med en sådan trevlig resa, tänker Anna.

De närmar sig en liten stad som heter Söderköping[i]. Här ska de stanna för att plocka upp en passagerare.

Diana **lägger till** vid kajen. Kaptenen går i land för att säga

tappa	fallen lassen
andas	atmen
benen viker sig	die Beine werden weich
handtag *n*	Klinke, Griff
röra sig	sich bewegen
gråta	weinen
tår *u*	Träne

välkommen till den nye passageraren. Det är en man. Han har en axelremsväska och en klädväska. Han går fram till kaptenen. "Hjärtligt välkommen till Diana och vår resa till Göteborg", säger kaptenen och räcker fram handen. Vad mannen svarar hör inte Anna. Han vänder sig om och tittar upp mot övre däck där Anna står. Han ser rakt på Anna. Det säger *plupp* när hon **tappar** glaset ner i kanalens vatten. Anna stänger dörren till sin hytt bakom sig. Hon **andas** fort. Hon sätter sig i kojen. Det känns som om **benen viker sig** under henne. Diana startar sina motorer och snart ser Anna hur båten lämnar kajen i Söderköping. Dörrens **handtag** vrids ner, men dörren är låst.

Knack, knack. Men Anna kan inte **röra sig**.

Hon sitter stilla i kojen.

"Anna! Är du där? Öppna dörren!"

Det är Lasses röst. Sakta reser Anna sig och går fram till dörren. Hon låser upp och Lasse kommer in i hytten. Han har två glas champagne i handen. Han ser förskräckt på henne.

> **Söderköping** war im Mittelalter durch seinen Hafen so wichtig wie heute Stockholm. Jetzt ist die Stadt eine beliebte Touristenattraktion. Hier wurden nicht nur Inga Lindström-Filme gedreht, sondern die Landschaft am Göta Kanal ist ausgesprochen malerisch.

"Men vad är det som händer? Du är ju alldeles blek. Varför **gråter** du?"

Först nu känner Anna **tårarna** som rinner nerför hennes kinder.

"Han är här! Han kom ombord i Söderköping. Jag

känner igen honom. Han ser på mig. Jag vet att han känner igen mig också. Jag **är** så **rädd**."

"Anna! **Lugna dig**. Vem är ombord?"

"Den mannen som går ombord i Söderköping är samme man som 1986 sköt statsminister Olof Palme utanför **biografen** *Grand* i Stockholm."

vara rädd för ngt	Angst vor etw. haben
lugna sig	sich beruhigen
biograf *u*	Kino
förståndig	vernünftig
jordnära	bodenständig
se fram emot ngt	sich auf etw. freuen

"Anna. Kom och sätt dig här." Lasse klappar med handen på kojen där han nu sitter. "I mer än trettio år går du omkring och tror du att vet vem som mördade Palme. Du är en mycket **förståndig** och **jordnära** person men i det fallet har din fantasi tagit överhanden. Nu vill jag inte höra ett ord till om Olof Palme eller den mystiske mannen från London. Glöm alltihop. Det skålar vi för."

Anna höjer sitt glas. Hon dricker lite av champagnen.

"Jag vill gå av båten vid nästa stopp", säger hon.

"Det vill du inte alls. Jag har betalat en massa pengar för den här resan. Du går inte av förrän i Göteborg."

Anna ser på sin man. Det är inte ofta han blir arg, men nu är han det[i].

"Fixa make-upen. Du har mascara över hela kinderna. Nu ska vi gå och äta middag. Jag är hungrig."

I matsalen är det hög stämning. Kaptenen reser sig när Anna och Lasse kommer fram till hans bord.

"Välkomna. Jag **ser fram emot** att ha den vackraste

Der **Göta Kanal** ist auch als *skilsmässodiket* („Scheidungsgraben") bekannt. Das bezieht sich auf alle Konflikte, die beim Schleusen entstehen können.

av passagerarna vid min sida i kväll."
Han böjer sig fram mot Anna. "Berätta inte för de andra damerna att jag sa så. Får de veta det så blir de arga på mig."
De sätter sig ner. En stol vid kaptenens bord är fortfarande tom. Kaptenen vänder sig till **servitören**.

servitör *u*	Kellner
förrätt *u*	Vorspeise
sen	spät
ankomst *u*	Ankunft
Var så god och sitt!	Nehmen Sie bitte Platz!
ledig	frei
tung	schwer
road	amüsiert

"Vi väntar inte längre. Ta in **förrätten**."
Då lägger någon en hand på Annas stolsrygg.
"Jag ber om ursäkt för **sen ankomst**. Jag behövde fräscha upp mig efter resan hit."
"Välkommen. **Var så god och sitt**."
Kaptenen visar med en hand mot den **lediga** stolen.
Anna blir knallröd i ansiktet. Det är han. Äldre, **tyngre**, med en massa grå hårstrån - men det är han. Mannen ser **roat** på henne.

Övning 4: Komparera. Steigern Sie folgende Adjektive!

1. gammal ________________ äldst
2. fet ________________ fetast
3. grov ________________ grövst
4. blek ________________ blekast

"Solen kan vara ganska stark så här års", säger han. "Man blir lätt bränd om man är för länge på däck. Men, det är klart, man ser ju bra därifrån."

Hans ögon glittrar när han ser på henne.

Du är samme[i] **självsäkre spjuver** som tidigare, tänker Anna. Och nu är hon inte längre rädd. I alla dessa år har hon varit **skräckslagen** för hur ett möte med honom skulle sluta. Skulle han skjuta henne eller **strypa** henne för att undanröja det farliga vittne hon är? Hon har hela tiden varit den **utsatta**. Men där vid kaptenens middagsbord vänder allt. Anna känner hur hon sträcker på sig. Hon ser rakt på mannen hon inte har sett på över trettio år och hon vet att det är hon som har **övertaget**. Hon vet - och han vet att hon vet.

självsäker	selbstsicher
spjuver *u*	Schelm
skräckslagen	vor Schreck gelähmt
strypa	erwürgen
utsatt	ausgesetzt, ausgeliefert
övertag *n*	Oberhand
tokig	verrückt
manus *n*	Manuskript
stämning *u*	Stimmung
lyfta (upp)	(hoch)heben
sänka	zum Sinken bringen, versenken
vattenyta *u*	Wasseroberfläche

Anna blir på ett strålande humör. Hon småflörtar med kaptenen och hon berättar historier om alla **tokiga manus** som kommer in till förlaget. Alla skrattar och **stämningen** är mycket hög.

Resan mot Göteborg fortsätter. Diana passerar många slussar. Anna tycker det är lika roligt varje gång att se hur den stora båten **lyfts** eller **sänks** av vattnet för att komma i rätt nivå med **vattenytan**. De flesta av passagerarna är riktigt

> Bei **Adjektiven**, die sich auf ein männliches Tier oder eine männliche Person beziehen, findet man im Schwedischen auch die Endung *-e* statt *-a*: *samme självsäkre spjuver* (derselbe selbstsichere Schelm).

trevliga. Att Anna arbetar på ett förlag vet nu alla. Ofta kommer passagerare fram och vill prata. Så fort hon sätter sig i en stol på däck är det alltid någon som kommer fram och vill prata om en bok som de tänker skriva. Anna låter dem prata. Själv sitter hon och ser hur landskapet sakta flyter förbi. Hon tänker på vilket fantastiskt vackert land Sverige är. **Då och då** möter de båtar. Många småbåtar åker på kanalen i semestertider. Det blir stor **uppståndelse** när en av passagerarna upptäcker den svenske kungen och **drottningen** ombord på en av båtarna. Alla tar fram kameran. Kungen ler vänligt och drottningen till och med **vinkar.**
Stackars människa, tänker Anna. Det är säkert flera hundra båtar i kanalen i dag. Hur ska hon orka vinka till alla? Vilar hon sig ett tag är det säkert några som blir arga för att hon inte vinkade till dem.
Tur att jag inte är kunglig, tänker Anna. Jag skulle **reta upp** hela svenska folket på en vecka genom att aldrig vinka.

då och då	ab und zu, von Zeit zu Zeit
uppståndelse *u*	Aufregung
drottning *u*	Königin
vinka	winken
reta upp	jmd. verärgern

Övning 5: Hur ska det vara? Lesen Sie weiter und setzen Sie die Verben im Präsens ein!

missa | veta | sluta | gå | tänka | ~~göra~~ | äta | få

Passagerarna kan göra flera utflykter när Diana **1.** _gör_ ett stopp. En utflykt **2.** ____________ till en stor chokladfabrik. Nej tack, **3.** ____________ Anna. Hon **4.** ____________

precis hur det **5.** ______________. Hon **6.** ______________ upp en jättestor chokladkaka. Sedan **7.** ______________ hon dåligt **samvete** för det. Sedan får hon ont i magen och så **8.** ______________ hon den fantastiska middagen på Diana.

samvete *n*	Gewissen
ännu	noch
fallhöjd *u*	Fallhöhe
spets *u*	Spitze
vitlök *u*	Knoblauch
havskräfta *u*	Kaisergranat, Norwegischer Hummer

Nej, bättre att ligga i en däckstol och läsa **ännu** ett vampyrmanus. Peter syns inte till. Diana passerar över Vänern, Sveriges största sjö. Den sista etappen av resan till Göteborg går på Göta älv. Vid inloppet till älven ligger Trollhättans[i] slussar. Den totala **fallhöjden** är 32 meter. Anna ser fram emot de slussningarna.

Diana kommer fram till slussarna sent på kvällen och ankrar för natten. Anna och Lasse gör sig i ordning för att äta middag. Lasse sitter i kojen och ser på sin fru när hon tar på sig en röd kjol och en vit jacka med **spetsar**.

Die Stadt **Trollhättan**, südlich des Vänern-Sees gelegen, ist nicht nur für ihre vielen Schleusen bekannt, sondern auch für die Filmproduktion: Lars von Triers *Dogville* und der schwedische 90er-Klassiker *Fucking Åmål* (dt. *Raus aus Åmål*) entstanden hier. Die Stadt wird deshalb scherzhaft „Trollywood" genannt.

”Vet du vad det blir för mat?” frågar han.

”Ja. Jag tittade på menyn. Det blir **vitlöks**toast med marinerade **havskräftor** och tomatsallad. Därefter helstekt

gösfilé med smörstekta champinjoner, gröna bönor, potatis och **krusbärsmarmelad** ⓘ."

"Blir det efterrätt också?" undrar Lasse.

"**Gottegris**! Ja, det blir rabarberpaj ⓘ med vaniljsås."

gösfilé *u*	Zanderfilet
krusbärs marmelad *u*	Stachelbeermarmelade
gottegris *u*	Naschkatze
bordsgranne *u*	Tischnachbar
kroppsspråk *n*	Körpersprache
grym	grausam

"Undrar just vilka vi kommer att dela bord med i kväll. Det är ett bra system att man får nya **bordsgrannar** varje middag. På så sätt hinner man prata med alla. Hoppas bara att det inte blir Peter."

"Det blir det inte. Jag har pratat med kaptenen om det. Jag sa att vi inte vill sitta vid Peters bord", säger Anna och håller upp dörren för sin man. "Nu går vi."

> In Schweden werden oft mehrere Sorten von **Marmeladen** zu einem Hauptgericht serviert. Beispielsweise bekommt man zu Hackbällchen (*köttbullar*) fast immer Preiselbeermarmelade (*lingonsylt*).

Det är varmt i matsalen och efter middagen går Anna iland för att ta en liten promenad.

"Får jag följa med?" säger en röst bakom henne.

"Helst inte", svarar Anna. "Men du kan få svara på en fråga."

Peter stannar. Han står fem-sex meter från Anna.

"Okej. Fråga på."

Du är fortfarande lika stilig, tänker hon, Samma nonchalanta **kroppsspråk** som jag tyckte var så attraktivt. Men den där **grymma**

> **Rabarberpaj** (Rhabarbertarte) ist eine sehr beliebte Frühlings- und Sommertarte. Nesseln und Rhabarber sind die ersten Gemüsesorten im Frühling und deswegen ist **Nesselsuppe** mit hart gekochten Eiern und Rhabarbertarte ein traditionelles Frühlingsessen nach einem langen Winter ohne frisches Gemüse aus dem Garten.

krökningen på munnen, den hade du inte då. Högt säger hon:

"Varför? Du är väl inte politiskt intresserad."

"Nej. Det handlade bara om pengar. Jag levde tillsammans med en skådespelerska och hon kostade mycket mera pengar än vad hon **tjänade**. Så det var jag som fick betala. Men när förstår du att det är jag? Jag ser det i dina ögon under den första middagen ombord. Att du hade räknat ut det. Bara för att du ser mig i Stockholm den där dagen efter mordet, så betyder inte det att jag har någonting med mordet på Palme att göra. Så varför tror du att jag är den **skyldige**?"

krökning *u*	Biegung, Krümmung
tjäna	verdienen
skyldig	schuldig
enkel	einfach
glimt *u*	kurzer Blick
åtala	anklagen
frikänd	freigesprochen
bevisning *u*	Beweisführung
rättssäkerhet *u*	Rechtssicherheit
noggrann	sorgfältig

"Därför att du inte sköt statsministerns fru, Lisbeth Palme. Det hade varit det **enklaste**. Då hade det inte funnits något vittne som sett dig på nära håll. Men du ville att hon skulle se dig. Du ville att hon skulle berätta hur du ser ut. Hon kunde ge polisen ett signalement. Sedan springer den där Christer Pettersson omkring utanför biografen. Han fick naturligtvis betalt för att vara där eftersom han liknar dig. I alla fall för en snabb **glimt**. Flera vittnen ser honom. Så polisen tror att de har rätt man. Han blir **åtalad**, men blir **frikänd**. **Bevisningen** håller inte. Och det är ju bra. **Rättssäkerheten** fungerar."

"Ja. Dum är du inte, men det visste jag sedan tidigare. Det var mycket som gick fel den där kvällen, trots alla **noggran-**

flyktbil *u*	Fluchtauto
stjäla	stehlen
ful	hässlich, böse
hota	bedrohen
skada	schaden, verletzen
följa	folgen
gömma	verstecken
på tal om	apropos
får *n*	Schaf

na förberedelser. Ett par kvarter från biografen Grand står vår **flyktbil** parkerad. I den fanns det nya kläder och flygbiljetter ut ur Sverige. Men den bilen blir **stulen**, så vi blir tvungna att snabbt stjäla en bil i ett hyrbilsgarage på Sveavägen. Det var den bilen du såg vid Arlanda. Det var inte så bra för oss att köra omkring i en stulen bil, så vi var riktigt stressade när du såg oss."
"Men det var väldigt **fult** av dig att ta en bild på min lilla flicka. Du försökte **hota** mig. Vad tänkte du göra med henne om jag pratade med polisen?" frågar Anna.
"Vad då för bild? Jag har inte tagit någon bild på din dotter."
"Bilden som låg i brevlådan."
"Anna, det var inte jag. Jag jobbar inte så. Om jag hade velat **skada** dig hade du varit död i dag. Jag har **följt** dig. Jag såg när du gifte dig så jag visste ditt nya efternamn. Du fick en fin utmärkelse för din första bok, men det fanns aldrig några bilder på dig i tidningarna. Du finns inte i telefonregistret. Till och med din bil är registrerad på din man. Du **gömmer** dig. När jag ser det förstår jag att du är lika rädd för mig som jag är för dig."
"Det har varit svårt att se några bilder även på dig. Trots att du är framgångsrik i olika sporter."
"Så du har haft koll på mig också? Det är nästan komiskt. Vi skulle ha träffats och pratat. **På tal om** komiskt – den där fantombilden tidningarna visade, den var komisk. Jag ser ju ut som ett **får**", säger Peter och skrattar.
"Ja, den var inte bra. Håret var fel. Näsan är för bred. Ögo-

nen sitter alldeles för **tätt** och du ger ett dumt intryck. Men det kanske var **medvetet** gjort. Så att ingen skulle känna igen dig."

"Kanske det."

tät	dicht
medveten	bewusst
verka	scheinen
berörd	berührt, betroffen
dyr	teuer
kunskap *u*	Kenntnis, Wissen
rota	wühlen
felsteg *n*	Fehltritt
vara rädd om ngt	auf etw. aufpassen, Angst um etw. haben

Anna sätter sig ner på en liten bänk som står utanför slusshuset. Det här är ett mycket ansträngande samtal för henne och hon känner att benen vill vika sig. Hur kan han prata så lätt om det här? Vi kunde lika gärna prata om vädret eller någonting annat lika ointressant. Han **verkar** inte alls **berörd**, tänker hon.

"Vem betalade dig? För jag antar att du fick mycket pengar. Att mörda statsministrar brukar vara **dyrt**."

"Det, Anna lilla[i], vill du inte veta. Den dagen du har den **kunskapen** lever du inte längre. **Rota** inte i det här. Du kommer ändå inte att finna lösningen. Det finns folk som ser till att utredningarna hela tiden kör fast. Tänk på din familj. Minsta **felsteg** står dig dyrt." Han börjar att gå mot Diana, men vänder sig om.

Im Schwedischen gibt es keine **Verniedlichungs-Endungen** für Personennamen, stattdessen wird lill**a** oder lill**e** („kleine/-r") vor oder nach dem Namen gesetzt: *Anna lilla* („Annalein"), *lille Hans* („Hänschen").

Hans leende är inte trevligt när han säger: "Du har ju blivit mormor också. Gratulerar. Ännu flera att **vara rädd om**. Nu ska jag ta en drink. Kommer du med?"

"Nej. Jag stannar här."

viskning *u*	Flüstern
förlåta	verzeihen
missa	verpassen
olycka *u*	Unfall, Unglück
bassäng *u*	Becken, Bassin
bryta	brechen
nacke *u*	Nacken, Genick
kanalbolag *n*	Kanalgesellschaft
tveksam	zögernd, unschlüssig

Hon ser honom gå ombord på Diana.
"Anna. Kom!" En svag **viskning** från slusshuset. I skuggan ser hon en man. Det är Lasse som står där. Han slår armarna om henne och begraver sitt ansikte mot hennes axel.
"Kan du **förlåta** mig? Jag är så ledsen att jag inte har trott på dig. Alla dessa år har du haft orsak att vara rädd för att någonting hemskt skulle hända oss. Du har alltså rätt. Det är Peter. Jag hörde alltihop."
"Nu vill jag åka härifrån."
"Naturligtvis. Kom så går vi och packar våra saker. Jag ringer efter en taxi."
"Synd att vi **missar** slusstrappan i Trollhättan", säger Anna.

Två dagar senare
Lasse och Anna äter frukost. Lasse läser tidningens första del. Anna läser kulturdelen.
"Anna! Hör här!" Lasse håller upp tidningen framför sig. "Det har skett en **olycka** i en av slussarna i Trollhättans trappa. En manlig passagerare på ett turistfartyg har ramlat från en slussport ner i en **bassäng** som skulle fyllas med vatten. Han föll nästan sex meter och **bröt nacken**."
Anna tar telefonen och ringer **kanalbolaget**. Kvinnan som svarar är först mycket **tveksam** om hon kan lämna ut några uppgifter. Anna berättar att hon och Lasse reste med Diana och nu är oroliga att det är någon av deras vänner det handlar om. Det är tyst ett tag i telefonen, men så berättar kvin-

nan vem den **förolyckade** mannen är. Anna stänger av telefonen. Hon ser på Lasse och **ler** stort.
"Äntligen fri", säger hon.

förolyckas	verunglücken
le	lächeln

Evelina

Jessica Holmdahl

Evelina ist Verkäuferin in Malmö und würde am liebsten im Boden versinken! Als sie in ihrer Mittagspause den Knopf an ihrer engen Hose gelockert hatte, kam ausgerechnet ihr Arbeitskollege Anders hinein! So eine peinliche Situation! Aber Anders scheint es gar nicht gemerkt zu haben, denn er lädt sie zu einem Musikkonzert im Folkets Park ein. Ausgerechnet Anders, der von allen ihren Kollegen am besten aussieht? Evelina ist skeptisch, aber sie sagt zu, denn sie will ihr Single-Dasein beenden ...

Evelina: Das Selbstwertgefühl von Evelina steht nicht gerade zum besten und überhaupt will sie schon länger 20 Pfund abnehmen. Auch ihr chaotisches Leben will sie endlich in den Griff kriegen, doch das ist gar nicht so einfach, denn sie vestrickt sich ständig in irgendwelche Ausreden und Unwahrheiten.

Sabina: Die junge Frau ist Evelinas beste Freundin und hat genau das, was Evelina in ihrem Leben vermisst: einen netten Freund, eine gute Figur, coole Klamotten, aufregende Verabredungen ... Klar, dass es da zu Konflikten kommt.

Anders: Der junge Arbeitskollege lädt Evelina zu einem gemeinsamen Musikkonzert im Folkets Park in Malmö ein. Endlich hat er sie angesprochen! Denn Evelina findet er schon lange sympathisch.

"Jag är vacker, jag är **söt**, jag är vacker, jag är söt", **viskar** Evelina. Det är svårt att **knäppa** byxorna, trots att de **använts** varje dag i en vecka. Hon tar på sig den gula skjortan. På ryggen är texten *Glad & Kul – Malmö*(i) tryckt med röda bokstäver. Den sitter **lagom** löst, inga konturer syns av **kroppen**. På fötterna har hon vita strumpor med röda **prickar** på.

söt	süß, hübsch
viska	flüstern
knäppa ngt	etw. zuknöpfen
använda	benutzen, tragen
lagom	genug, angemessen
kropp *u*	Körper
prick *u*	Punkt
sedel *u*	Geldschein
växel *u*	Wechselgeld
ϟ **sötnos** *u*	Süße
fnissa	kichern

"Åttionio kronor, tack."
En man med långa naglar räcker över en hundrakronors**sedel**.
"Tack", säger Evelina och plockar ut **växel** ur kassalådan.
"Det är jag som ska tacka, **sötnos**."
Evelina **fnissar** högt och ser sig omkring. Varken Matilda eller Sara i kassorna bredvid hennes reagerar. Mannen blinkar åt henne och packar ihop sina saker.
"Stänger du din kassa, Evelina? Jag vill prata med dig ett tag."
Evelinas chef Majsan står i dörren till kassakontoret. Evelina loggar ut sig och går in till henne.
"Hur tycker du att det känns på jobbet?" frågar Majsan. Hon ser gammal ut trots att hon inte är mer än trettioett.

Malmö ist die drittgrößte Stadt in Schweden und liegt im südlichsten Teil von *Skåne*. Sie ist bekannt für zahlreiche grüne Parks - seit geraumer Zeit allerdings auch wegen der hohen Kriminalität. Von Malmö aus kann man leicht über die Öresundbrücke nach Kopenhagen gelangen.

"Bara bra", säger Evelina **leende**. Stolen knarrar. "Jag **trivs** jättebra."

"Det är så här att vissa av tjejerna i kassan har bett mig att prata med dig."

Evelina **stelnar till**. Tycker de att hon är **jobbig**, ful, dum, **tjock**, en **lögnare** ...?

"De säger att du är **slarvig** och inte städar din kassa efter dig." Majsan tar av sig glasögonen.

"Oj, det var ju inte bra", säger Evelina. "Jag ska tänka på det."

"Sen var det en annan **grej** också."

Majsan tar på glasögonen igen.

leende	lächelnd
trivas	sich wohl fühlen
stelna till	erstarren
jobbig	anstrengend
tjock	dick
lögnare *u*	Lügner
slarvig	unordentlich, nachlässig
⚡ **grej** *u*	Sache
storlek *u*	Größe
byta	tauschen, ändern
lår *n*	Oberschenkel
tajt	eng
krympa	eingehen, schrumpfen
tvätta	waschen
ljuga	lügen

Evelina lyssnar med ett halvt öra. Hon tänker på att de andra tjejerna inte tycker att hon är jobbig, ful, dum, tjock, en lögnare ...

"Jag ska beställa nya arbetsbyxor till kassapersonalen. Vill du ha samma **storlek** eller **byta**?"

Majsan fäster blicken på Evelinas **lår**.

Evelina känner hur **tajta** byxorna är.

"Jaha, jag hade faktiskt tänkt fråga dig om just det", säger Evelina snabbt. "De **krympte** när jag **tvättade** dem. Jag tvättade dem i tvättmaskinen tillsammans med lakanen", **ljuger** hon.

Majsan gör en grimas som Evelina tror är ett leende.

"Vilken storlek vill du ha?" frågar hon.

Evelina blir kall och stelnar till. Hon vill att Majsan ska titta bort.
"XL" säger Evelina fast det är samma som hon har på sig. "XL är bra."

Övning 1: Plural. **Schreiben Sie den Plural der Substantive auf!**

1. skjorta *skjortor*

2. man ____________________

3. kassa ____________________

4. jobb ____________________

5. leende ____________________

I lunchrummet är det **tomt**. Hon sätter in **matlådan** med makaroner och köttbullar i mikrovågsugnen och fyller ett glas med vatten. Med ena handen knäpper hon upp en **knapp** i byxorna.

tom	leer
matlåda *u*	Brotbox, Aufbewahrungsbehälter
knapp *u*	Knopf
byxlinning *u*	Hosenbund

"Hej Evelina."
Hon tittar snabbt upp och ser Anders[i]. Såg[i] han vad hon gjorde? Hon försöker dra ner skjortan över **byxlinningen**.
Han sätter sig och börjar äta på en ostsmörgås.

Anders ist ein sehr häufig gewählter Vorname in Schweden. Der Name ist eine Form von Andreas.

Ser (sehen) ist ein unregelmäßiges Verb: *ser – såg* (sah) – *sett* (gesehen).

"Hur mår du i dag?" frågar Evelina och tar ut maten ur mikron. Den ser äcklig ut.
"Det är fint. Mycket att göra."
"Jag var på fest i lördags", säger hon.
"Var det kul?"

full	betrunken
gylf *u*	Hosenschlitz
trosa *u*	Unterhose
förvånad	verwundert

"Ja, verkligen! Jag blev så **full** bara", skrattar Evelina. Makaronerna smakar gummi.
"Vi var på *Far i hatten* i Folkets park. Det var riktigt roligt!"
"Jag var också där!" säger Anders. "Men jag såg inte dig. Var du där inne eller ute?" frågar han.
"Där inne." Hon hoppas att det är rätt svar.
"Jaha, jag var mest där ute", säger han och skrattar.
"Ja, jag brukar också det, men mina vänner ville vara där inne." Evelina ler och skrattar hon också.
"Är du ofta där?" frågar Anders.
"Varit där några gånger bara", ljuger hon och reser sig snabbt.

Full bedeutet wortwörtlich „voll, gefüllt", in der Umgangssprache jedoch „betrunken". Meint man „voll mit Essen", heißt das *mätt*.

Gylfen har gått upp och **trosorna** syns. Evelina stelnar till för en sekund. Såg han? Hon griper tag i sin matlåda och skyndar ut ur rummet. Anders tittar **förvånat** efter henne.
Tankarna snurrar i Evelinas huvud. Varför är hon så jobbig, ful, dum, tjock, en lögnare ...?

Folkets Park im Zentrum von Malmö im Stadtteil Möllevången ist ein beliebter Park mit zahlreichen Möglichkeiten, um sich vergnüglich die Zeit zu vertreiben – z.B. die Bar **Far i hatten**. Es gibt dort auch unter anderem ein Terrarium, eine Skateboard-Anlage und viele Plätze zum Picknicken.

Övning 2: Rätt eller fel? **Welche Aussagen sind richtig? Kreuzen Sie an!**

1. Evelinas kollegor tycker att hon är slarvig. ❐
2. Evelinas byxor krympte i tvätten. ❐
3. Majsan är Evelinas chef. ❐
4. *Far i hatten* är en bar. ❐
5. Makaronerna smakar bra. ❐

Hemma i lägenheten på Spångatan **sjunker** Evelina ner på sängen.

"Jag är vacker, jag är söt, jag är vacker, jag är söt", viskar hon, **kniper ihop** ögonen och kan inte hålla emot längre. **Tårarna** rinner ner på näsan och det blir salt i munnen. Varför ska det vara så *svårt*? Tänk om hon hade varit lika vacker som Matilda eller lika **kaxig** som Sara. Då hade hon inte legat här i sängen och **gråtit**.

sjunka	sinken, fallen
knipa ihop	zusammenkneifen
tår *u*	Träne
kaxig	frech
gråta	weinen
känna sig	sich fühlen

Evelina reser sig, går fram till kylskåpet och plockar ut en chokladkaka[i]. Hon äter upp allt. Nu känns det både bättre och värre på samma gång. Hon tar en dusch och **känner sig** lite fräschare.

Chokladkaka kann sowohl ein Schokoladenkuchen als eine Tafel Schokolade sein.

Handen förs[i] som en magnet fram och tillbaka till **godisskålen**. Klockan är åtta och på SVT1[i] har en dokumentär om svenska schlagerstjärnor precis börjat.

godisskål *u*	Süßigkeitenschüssel
hiss *u*	Aufzug
kasta sig	sich werfen
↯ **Fy fan!**	Verdammt!
befalla	befehlen
dryg	hochnäsig

Porttelefonen ringer. Evelina reser sig och svarar.

Det är Sabina. Hon undrar om hon kan komma upp. Typiskt Sabina att inte ringa eller skicka ett sms före. Evelina tittar på teven och på godiset. Sabina står ju faktiskt nedanför dörren.

Evelina trycker på dörröppnaren och stänger av teven. Hon tittar sig i spegeln och ler. Genom titthålet ser hon Sabinas svarta hår komma ut ur **hissen**.

Die Passivform wird im Schwedischen durch ein -s am Ende des Verbs gebildet, wie hier **handen *förs* framåt** statt „Evelina *för* handen framåt".

Sabina drar med sig en doft av parfym och cigarettrök in i lägenheten. Hon tar av sig jackan och **kastar sig** på soffan.

"**Fy fan**, vilken dag!" säger hon.

Evelina sätter sig i en fåtölj.

"Vad då, då?"

"Alltså, du vet den stockholmaren som börjat på mitt jobb? Han **befallde** mig att kopiera grejer åt honom. Jag sa: 'är du dum eller?' Så sa han: 'vad är ditt problem?' Och jag bara pekade på honom."

Evelina skrattar lite. Nickar.

"Han har tydligt sagt till min chef att han tycker att *jag* är **dryg**", fortsätter Sabina. "Vem tror han att han är?"

"Vet inte", säger Evelina. "Idiot.

SVT1 (Sveriges Television 1) ist der älteste Fernsehkanal der schwedischen öffentlich-rechtlichen Rundfunkanstalt, alltäglich auch „ettan" („die Eins") genannt.

Försök att inte bry dig om honom."

Sabina tar en chokladruta ur skålen och stoppar den i munnen. En bit **hamnar** på hennes svarta tights.

"**Helvete**! Ge mig papper. Jag **orkar** inte tvätta sen."

Evelina reser sig upp och tar en bit hushållspapper och blöter den. Hon **sneglar på** Sabinas mage. Har hon inte blivit smalare? Evelina känner ett lätt **illamående** komma över henne.

"Har du **gått ner i vikt**?" frågar Evelina.

Sabina ler och skakar lite på huvudet.

hamna	landen
ϟ **Helvete!**	Mist! Scheiße!
orka ngt	etw. verkraften
snegla på ngt	verstohlen auf etw. schauen
illamående *n*	Übelkeit
gå ner i vikt	abnehmen
pojkvän *u*	fester Freund
orättvist	ungerecht, unfair

"Äh, inte så mycket. Men det blir ju en del motion nu när jag träffat Hampus[i]", säger hon och blinkar. "Den bästa motionen, om du fattar vad jag menar..."

Evelina förstår. Vill inte veta mer. Hon skrattar men känner hur ögonen tåras. Hon vänder sig om och går mot köket.

i **Hampus** ist ein üblicher Vorname in Schweden. Über die Bedeutung gibt es verschiedene Theorien; eine davon ist, dass es sich bei Hampus um eine Verkleinerungsform von Hans handelt.

"Vill du ha cola?" frågar hon trots att hon vet att Sabina aldrig säger nej.

Hon vill också ha en **pojkvän** att prata om. Kanske Anders på jobbet. Eller någon annan. Det är så **orättvist**. Sabina är också tjock och så luktar hon rök.

När hon kommer tillbaka är teven på. Sabina byter kanal. Resten av kvällen tittar de på *Simpsons* och *Family Guy*,

snackar skit[i] om Sabinas jobb och pratar om Hampus. Det blir alldeles tyst när Evelina stängt dörren efter Sabina vid halv ett på natten. Hon kan inte **avgöra** om det är skönt eller om det bara är ensamt.

> Der umgangssprachliche Ausdruck **snacka skit** hat vielfältige Bedeutungen: „snacka skit *om* ngn/ngt", wie es Evelina und Sabina hier tun, heißt „über jdn/etw lästern, schlecht reden". Der **skit** kann jedoch auch eher als „Unsinn" gemeint sein: „Du snackar skit!" („Du laberst Scheiße!"), „Skitsnack!" („Quatsch!").

"Två mellanmjölk, en grädde, godis, kakao, schampo och balsam, chips, naturgodis, ris, spaghetti, morötter, kakor, apelsiner", läser Evelina från inköpslistan. "Fryst spenat och glass **kvar** bara." Evelina **knycklar ihop** papperslappen och lägger den i fickan. Gårdagens möte med Sabina fick henne att fundera över sina tankar och sitt liv. Hon kan inte fortsätta så här. Nu är det dags att bli vuxen och ta **ansvar**.

Övning 3: Substantiv – bestämd form. Lesen Sie weiter und setzen Sie die richtige Endung der Substantive in die Lücken!

~~-na~~ -et -en -na -en -en

1. Matkassar*na* är tunga att bära. De når nästan **2.** mark______ av **3.** ansträngning______. Evelina ser fram emot att sätta in varorna i **4.** kylskåp______. Det kommer att se så fint ut på **5.** hyllor______! Och med **6.** lägenhet______ städad om några timmar kommer det kännas som att hon precis har flyttat in.

Två timmar senare har Evelina **dammsugit**. Det doftar **vår** i hela lägenheten. Evelina står framför spegeln i ett par **högklackade** skor hon köpte på rea **förrförra** julen. Hon har aldrig använt dem. De får henne att se längre ut. Hon känner sig uppklädd, som om hon ska på bal.
"Jag är vacker, jag är söt", säger hon till sin spegelbild. "Det är jag **fanimej**!"

snacka skit om ngn/ngt	über jmd./etw. lästern
avgöra	entscheiden
kvar	nur noch; übrig
knyckla ihop	zerknüllen
ansvar *n*	Verantwortung
dammsuga	staubsaugen
vår *u*	Frühling
högklackad	hochhackig
förrförra	vorletzte/s/r
⚡ **Fanimej!**	Verdammt noch mal!
rycka till	zusammenfahren
förutom	außer
skava	klemmen, scheuern
mening *u*	*hier:* Sinn
glömma	vergessen

Evelina **rycker till** av en hög signal. Det tar ett par sekunder innan hon inser att hon har fått ett sms. Det är ett meddelande från okänt nummer.
"Ska du på Emil Jensen ⓘ?" läser hon. Inget mer.
Vem är Emil Jensen? Hon känner ingen med det namnet. Hon skickar ett svar och förklarar att det måste vara skickat till fel nummer. Vem skulle skriva till henne **förutom** Sabina? Skorna krymper och hälarna **skaver**. Det är ingen bal hon ska gå på, utan uppträda på cirkus. Vem bryr sig om det är städat hemma och om kylskåpet är fullt? Det finns ingenting som har någon som helst **mening** ...
Evelina blir stel av ett nytt pling från mobilen. Hon läser: "Haha, **glömde** skriva vem jag är. Det är Anders på jobbet.

Emil Jensen ist ein schwedischer Singer-Songwriter und Spoken Word-Künstler, der sich für Themen wie Umwelt, Asylpolitik und Feminismus engagiert.

Tänkte att du gillar hans musik. Kram[i]."

Anders på jobbet? Kram? Anders på jobbet. Kram! Anders på jobbet!

om och om igen	immer wieder
skämt *n*	Witz, Scherz
bjuda ut	*hier:* nach einem Date fragen
ϟ **ha koll**	einen Plan haben, Ahnung haben
banka	pochen

Evelina läser meddelandet **om och om igen**. Anders på jobbet. Anders som såg hennes uppknäppta byxor i lunchrummet ...

Det måste vara ett **skämt**. **Bjuder** han **ut** henne, eller ...?

> Das schwedische Wort **kram** (Umarmung) wird oft als Abschlusswort in SMS, Mails und ähnliches verwendet. Es entspricht dem lG (liebe Grüße).

Hon läser meddelandet igen. Nej, det har han inte gjort. Han frågar bara om hon gillar Emil Jensen.

Hon skriver: *Emil Jensen är jättebra. Har sett honom några gånger och skulle gärna se honom igen. Kram.*

Neutralt och ändå som om hon **har koll**[i]. Hjärtat **bankar** i bröstet. Hon trycker på *Skicka.*

Snabbt öppnar hon *Spotify* och söker på Emil Jensen. Från albumet *Om du inte står för något faller du för allt* lyssnar hon på *Så får du mig ändå.* Det är riktigt bra. Han sjunger på skånska. Evelina lyssnar på *Inte vackrast i världen* och tänker att den är ännu bättre. Evelina söker på *Far i hatten* och klickar sig fram till deras kalender.

> **Ha koll** ist ein umgangssprachlicher Ausdruck und bedeutet „einen Plan haben, Ahnung haben". *Koll* ist eine Kurzform von *kontroll* und findet sich auch in dem Ausdruck *ha noll koll* (kein Plan, keine Ahnung haben).

Emil Jensen ska spela där i morgon!

Anders måste vetat om det och diskret frågat om hon

ville gå med honom. Evelina ser sig själv i skorna hon har på sig. Hon dansar framför en scen tillsammans med Anders. Hans leende blänker. Plötsligt är de i en lägenhet, bara han och hon. De sitter med ett glas vin i en soffa och han lutar sig fram. Evelina kan känna doften av hans parfym och hur hans läppar möter hennes ...

Hon lyssnar på hela albumet två gånger.

"Ni är inte vackrast i världen", sjunger hon med. "Världen är vackrast i er." Då och då **sneglar** hon mot telefonen. Varför svarar han inte? Var hon för **påstridig**? Hon tar upp mobilen och läser igenom vad hon skrev. Nej, inget konstigt med det. Eller?

snegla	schielen
påstridig	*hier:* aufdringlich; energisch
otrolig	unglaublich
inse	einsehen
tak *n*	(Zimmer)decke
lysa	leuchten
slockna	ausgehen (Licht)
hejda	aufhalten, stoppen
kasta iväg	wegwerfen

Hela situationen är så **otrolig**. Det finns bara en enda möjlig förklaring till varför han inte svarat. Han trodde att han skickade till någon annan på jobbet och **insåg** sedan sitt misstag.

Evelina stänger av datorn och lägger sig i sängen. Hon tittar upp i **taket**. Egentligen borde hon vara glad. Anders hörde ju faktiskt av sig.

"Vad?" säger Evelina och sätter sig upp i sängen. Det är mörkt utanför fönstret, men mobilens display **lyser**. Ett nytt meddelande. Evelina låser upp mobilen, men i samma stund som inkorgen öppnas **slocknar** skärmen.

"Men för i ..."

Hon **hejdar** impulsen att **kasta iväg** mobilen. När hon kopplar in laddningssladden råkar hon putta ner väckar-

klockan från **nattduksbordet**. Den får ligga kvar. "Kom igen då!"
Det tar flera timmar, minuter eller kanske bara några sekunder innan telefonen startar om. Äntligen!
Avsändare: Anders.
Hennes fingrar **darrar** när hon trycker på *öppna.*

nattduksbord *n*	Nachttisch
darra	zittern
leta	suchen
ha på sig	anziehen
bestämd	entschieden
intala sig	sich einreden
övergå	übergehen
medvetande *n*	Bewusstsein

Evelina sitter mitt på golvet med högar av kläder omkring sig. Klockan är fem över tolv på natten. Hon har svårt att ta in vad Anders skriver till henne. Hon **letar** fram mobilen under ett par jeans. Den indikerar att batterinivån är låg igen.
"Vad kul!" läser hon viskande för hundrade gången. "Han spelar på *Far i hatten* i morgon. Men det visste du säkert. Jag ska dit med några vänner. Vill du hänga på? i"
Evelina trycker mobilen mot bröstet.
Men vad ska hon **ha på sig**?
"Jag är vacker, jag är söt", upprepar hon **bestämt**. Hon bestämmer sig för att gå och lägga sig. Hon **intalar sig** att allt kommer att kännas bättre när hon vaknar.

Evelina vaknar nästan alltid med ett ryck. Oftast är det väckarklockans höga signal som får henne att slå upp ögonen. I dag vaknar hon inte alls på det sättet. Det var mer som om sömnen av sig själv **övergick** i **medvetande**. Det är skönt att vak-

Hänga på oder *hänga med* sind die umgangssprachlichen Formen von *följa med* (mitkommen).

na innan väckarklockan ringer. Evelina sträcker ut handen mot mobiltelefonen för att se hur länge till hon kan **njuta**.

njuta	genießen
suck *u*	Seufzer
laddare *u*	Ladegerät
missad	versäumt
samtal *n*	Anruf
bortförklara ngt	etw. erklären, schönreden
orolig	besorgt
stamma	stammeln

Skärmen är helt svart. Evelina kommer ihåg att hon glömde ladda telefonen igår. Med en djup **suck** vänder hon på huvudet mot väckarklockan.

"Det kan inte vara sant ..." viskar hon.

Halv tolv på dagen!

Hon skulle ha varit på jobbet klockan åtta. Snabbt kopplar hon in **laddaren** till mobilen.

Elva **missade samtal**, alla från jobbet.

"Fan!" säger hon medan hon ringer upp. Hur ska hon **bortförklara** det här?

"Glad och kul, kassan, det är Majsan", svarar Majsan.

"Hej, det är Evelina, jag är ..."

"Var i helvete har du varit?" väser Majsan. "Fattar du hur **oroliga** vi har varit?"

Oroliga?

"Jag har precis skickat hem en kollega till dig, för att se så att du lever", fortsätter hon.

"Jag är s-så le-e-eds-sen ..." **stammar** Evelina. "Min mobil laddade ur ..."

Majsan är tyst i andra änden.

"Jag kommer in på en gång", säger Evelina snabbt.

Fan ist ein Begriff für Teufel und wird gerne bei Verfluchungen verwendet, alleinstehend oder in den Varianten *fy fan, för fan* oder *fan också*. Es handelt sich um umgangssprachliche Ausrufe, die man mit *verdammt* oder *Scheiße* übersetzen kann.

"Ja, gör det. Han är nog strax hos dig, så kan ni åka tillbaka ihop sen."
Evelina avslutar samtalet och springer in i badrummet. Hon har inte ens hunnit sminka sig när dörrklockan ringer.

Övning 4: Motsatser. Wie lautet das Gegenteil? Ordnen Sie zu!

1. [c] snabb — a) låg
2. [ ] vit — b) börja
3. [ ] avsluta — c) långsam
4. [ ] hög — d) glad
5. [ ] ledsen — e) svart

Evelina ser sig i spegeln. Ansiktet är tjockt, ögonen röda.
"Alltså, förlåt, jag vet inte vad ..." börjar hon medan hon öppnar dörren.
"Hur är det?" frågar Anders.
"Bra", **mumlar** Evelina och tittar ner i golvet.
"Du ser trött ut", säger han och böjer på sig så att han kan se hennes ansikte.
"Jag vaknade precis. Var på fest", ljuger hon.
"Jaså? Du verkar vara en riktig partyprinsessa", säger Anders och pannan rynkar sig. "Har du druckit **tillräckligt** med vatten?"
"Jadå, pappa", säger hon och inser direkt vad hon sagt. "Jag menar, du lät så ... Alltså, jag ..."
Anders skrattar.
"Jag ska väl gå tillbaka. Jag **sjukanmäler** dig. Säger att

mumla	murmeln
tillräcklig	ausreichend
sjukanmäla (sig)	(sich) krankmelden

du har influensa." Han blinkar **överdrivet** med ena ögat. Det blir Evelinas tur att skratta. I dörröppningen vänder sig Anders om.

"Hejdå", säger hon. "Och tack."

"Hejdå."

Anders **tvekar**.

"Vi ses i kväll eller? Vi kan ju se hur du mår och så, men ..."

överdriva	übertrieben
tveka	zögern
råd *n*	Rat, Ratschlag

"Det gör vi", säger Evelina lite för snabbt. "Det gör vi absolut."

I vanliga fall hade Evelina varit överlycklig över att oväntat slippa jobbet. Men i dag är det annorlunda. Hon vet helt enkelt inte vad hon ska ta sig till.

Gå på stan bedeutet „einen Stadtbummel machen", sei es um zu shoppen oder einfach nur um Schaufenster zu gucken und Kaffee trinken zu gehen.

Men Evelina får svarei när Sabina ringer och undrar om hon har lust att gå på stan[i].

"Ja, gärna", säger Evelina. "Jag behöver faktiskt en ny klänning."

"Jaha? Ska du på dejt eller?"

"Nej, ingen dejt", säger Evelina. "Bara en kusin som ska ha trettioårsfest." Av någon anledning vill hon inte berätta för Sabina om kvällens planer. Även om det inte *är* en dejt vill hon inte att Sabina ska börja ge **råd**.

En timme senare träffas tjejerna på Triangeln[i]. Sabina verkar vara på gott humör. Evelina börjar känna sig

Triangeln ist ein – wie der Name andeutet – dreieckiger Platz in der Innenstadt von Malmö. Dort liegt auch ein großes Einkaufszentrum mit demselben Namen.

stressad. Klockan är redan tre och om fem timmar ska hon möta upp Anders vid ingången till *Folkets Park*. Plötsligt stannar Sabina utanför en affär som har halva reapriset[i] på hela sortimentet.

”Jag vill titta härinne”, säger hon och går in.

”Kolla här”, ropar Sabina till Evelina från andra sidan rummet. Hon håller upp en leopardmönstrad klänning. ”Prova den! Den kanske passar till fyrtioårsfesten.”

framhäva	hervorheben
tilltalande	ansprechend
utbrista	ausrufen
ϟ **skitsnygg**	umwerfend
på håll	aus der Ferne
knut *u*	Dutt; Knoten
stappla	stolpern, wanken
nöjesfält *n*	Vergnügungspark

Evelina tar på sig den.

Klänningen sitter faktiskt bra. Den **framhäver** Evelinas kurviga kropp på ett **tilltalande** sätt.

”Wow!” **utbrister** Sabina. ”**Skitsnygg** på dig!”

”Är du säker på att den inte är för mycket?” undrar Evelina.

”Den är skitsnygg”, säger Sabina igen.

Prick åtta står Evelina utanför ingången till Folkets park. Innan hon gick ut tvättade och fönade hon håret, målade ögonen svarta och läpparna röda. På fötterna har hon de högklackade skorna hon hittade i garderoben i går.

Rea (Kurzform von *realisation*), häufig in großen roten Buchstaben in Schaufenstern zu lesen, bedeutet Schlussverkauf.

På håll ser hon att en grupp människor är på väg rakt mot henne. En av dem är Anders. Håret är uppsatt i en **knut** mitt på huvudet. Han är så snygg!

”Hej!” ropar han. Evelina ler och **stapplar** fram i de obekväma skorna. När hon kommer närmare uppmärksammar hon Anders vänner. Alla har liknande kläder som de Anders har på sig. Svarta jeans, enkla t-shirts och gymnastikskor. Både de två killarna och de tre tjejerna. Evelina vill vända om och springa hem. Vad tänkte hon när hon tog på sig den nya klänningen och de höga skorna?

Övning 5: Artiklar. Lesen Sie weiter und setzen Sie die passenden Artikel *en* oder *ett* ein.

Hon ser ut som **1.** _ett_ skämt. Men innan hon hinner fly kommer Anders och ger henne **2.** ________ snabb kram.

"Vad lång du är!" skrattar han och presenterar henne för de andra. "Det här är Evelina, **3.** ________ kollega." Evelina klistrar på sig **4.** ________ leende och hälsar på de andra. Namnen glömmer hon bort direkt.

"Snygg klänning!" säger **5.** ________ av tjejerna.

Evelina kan inte avgöra om hon menar det eller om hon är sarkastisk.

Jag är vacker, jag är söt...

Moriska paviljongen, kurz **Moriskan**, ist ein beliebter Kulturraum und Club in Malmö. Das 115 Jahre alte Gebäude wurde von dem polnisch-jüdischen Architekten Aron Wolff Krenzisky in „orientalischem" Stil entworfen.

De börjar gå genom Folkets park. De passerar **nöjesfältet** på vänster sida och nattklubben Moriskan[i] på höger sida innan de är framme vid *Far i hatten*. Utanför baren står människor och röker. Det är fullt med folk på stället.

När de når bardisken vänder sig Anders mot Evelina.

"Det är kul att du hänger med", säger han och betalar för två öl (i). "Vad brukar du lyssna på för musik?"

"Var är toaletten?" **avbryter** Evelina.

"Har du inte varit här förut?" frågar Anders förvånat.

avbryta ngn/ngt	jmd./etw. unterbrechen
självsäker	selbstsicher
samlingsalbum *n*	Sammelalbum
rodna	erröten
skiva *u*	*hier:* CD, Platte
förfäran *u*	Entsetzen

"Jo, såklart." Evelina skrattar till. "Jag kommer snart."

Hon skyndar iväg mot vad hon tror är toaletterna. Det visar sig vara helt fel håll, men det spelar ingen roll just nu. Hon behöver bara få vara ifred ett litet tag.

När hon kommer tillbaka diskuterar Anders och en av hans vänner vilket album av Emil Jensen de gillar mest.

"Vilket är din favorit, Evelina?" frågar vännen.

"Jag gillar *Om du inte står för något faller du för allt*", säger hon **självsäkert**. Lite research har hon gjort.

"Det är ett **samlingsalbum**", säger en av tjejerna. Evelina **rodnar** och tittar ner i bordet.

"Ja, men alla de bra låtarna finns ju på den **skivan**", säger Anders och ler mot Evelina.

"Vill du ha en öl till?" säger han till henne.

"Javisst", säger hon. "Jag kommer med dig."

Anders leder henne mot baren igen. Evelina betalar den här gången.

"Hej, Anders!"

Till sin **förfäran** ser Evelina att Matilda och Sara från jobbet har kommit fram till dem.

(i) Achtung, falscher Freund! *Bier* heißt auf Schwedisch **öl**. Das deutsche Wort *Öl* dagegen heißt *olja*.

"Hej, tjejer!" hälsar Anders.
"Vad gör du här?" frågar Sara och synar Evelina uppifrån och ner.

töntig	albern, dumm

"Vi är här för att se Emil Jensen", säger Anders och lägger armen om Evelina. Saras och Matildas ögon blir stora. Evelina själv blir överraskad. Matilda och Sara tittar på varandra.

Gumma bedeutet zwar wortwörtlich „alte Frau", wird jedoch oft als Kosename verwendet, vergleichbar mit „Schätzchen".

"Jaha, ha så kul", säger Matilda och viskar något till Sara. Sara fnissar.
"Bry dig inte om dem", säger Anders till Evelina. "De är så **töntiga**." Han låter armen vara kvar runt Evelinas axlar. Hon känner att hon borde säga någonting. Men innan hon får chansen hör hon en välbekant röst skrika.
"Gumman! [i]" skriker Sabina och kastar sig om halsen på Evelina. "Vad gör *du* här?" Hennes blick går från Evelina till Anders. "Och vem har vi här? Är det din kusin? Snygging!"
Evelina vill bara försvinna. Hon ser på Anders. Hans ansikte är förvånat.
"Det här är Anders, en kollega", mumlar hon.
"En kollega, minsann." Sabina blinkar med ena ögat mot Matilda och Sara. De båda tjejerna viker sig av skratt och vinglar iväg. Evelina känner doften av alkohol från Sabinas mun.
"Du sa till mig att du skulle på kalas [i]! Evelina går aldrig utanför dörren", säger hon till Anders. "Och hon sa att hennes kusin fyller år i dag. Så vi

Das Wort **kalas** wird vor allem für Feierlichkeiten von Kindern verwendet. Sonst sagt man *fest*.

köpte den här klänningen. Den passar faktiskt inte så bra för en utekväll[i], Evelina", säger hon. "Men du, ska du inte presentera mig för din *kollega*?"

skoja	scherzen, Witze machen
förödmjukelse *u*	Demütigung
snyfta	schluchzen

"Det här är min kompis Sabina", mumlar Evelina. Hon skäms så mycket att hon inte vågar titta på Anders. Sabina tar fram en Cola-flaska ur väskan. Innehållet är lika klart som vatten. Hon tar en klunk och tittar på Anders innan hon vänder sig mot Evelina igen.
"Men vad är det för skor du har på dig? Du ser ut som en jätte bredvid *kollegan*! Men gumman, jag **skojar** ju bara!"
Evelina är redan flera meter bort. Det är svårt att springa i de högklackade skorna, men **förödmjukelsen** får henne att nästan flyga fram genom parken. Någonstans bakom henne hör hon Anders ropa hennes namn, men Sabinas elaka skratt är det som ekar i hennes huvud.
Väl inne i lägenheten sjunker hon ner på golvet och **snyftar**. Sabina har rätt. Varför är hon så jobbig, ful, dum, tjock? Varför är hon en lögnare ...?

Klockan är sju på lördagsmorgonen. På golvet ser Evelina den leopardmönstrade klänningen.
"Åh, nej", jämrar hon sig. Minnet av gårdagen kommer tillbaka. "Säg att det bara var en dröm."
Hon tittar på mobilen. Hade det varit vilken annan dag som helst hade hon jublat. Två sms från Sabina och ett missat samtal och ett sms från Anders. Hon läser meddelandena från Sabina först.

Utekväll (wortwörtlich „ein Abend draußen") ist ein Partyabend.

Övning 6: Vad ska bort? Welches Wort passt nicht in die Reihe? Streichen Sie durch!

1. arm ben tröja ögon axlar
2. namn kusin kompis kollega vän
3. säger springer mumlar berättar skriker
4. på till om i när
5. glad leende skratt elak lycklig

”Förlåt gumman, jag skojade bara. Du var jättefin såklart. Det var inte meningen att göra dig ledsen. Jag hoppas att allt är lugnt mellan oss. Puss[i].”

Nästa meddelande skickades femton minuter efter det första.

mesig	feige
sanning *u*	Wahrheit
täcke *n*	(Stoff-)Decke

”Men sluta vara så **mesig**! Jag menade ju inget illa. Är det olagligt att skoja lite, eller?”

Kanske hade Sabina rätt? Hade hon överreagerat? Egentligen var det ju bara **sanningen** som Sabina hade sagt högt. Det var ju faktiskt Evelina som hade ljugit för Anders.

När hon öppnar meddelandet från Anders blir hon besviken. ”Vad händer? Kan du svara?” är det enda som står. Inget mer. Evelina lägger ifrån sig telefonen och drar **täcket** över huvudet. Hon bestämmer sig för att stanna här för evigt.

Puss („Bussi, Küsschen“) wird auch oft am Ende von Nachrichten verwendet und ist etwas intimer als *kram*.

Ljudet av dörrklockan **studsar** mellan väggarna. Evelina vänder sig om och blundar igen. Vem ringer på hos henne mitt på en lördag? Det spelar ingen roll.
Hon är ju bara jobbig, ful, dum, tjock, en lögnare ...?

studsa	abprallen
någonsin	jemals
mållös	sprachlos
självför-troende *n*	Selbstvertrauen

Dörrklockan ringer igen. Och igen. Och igen.
"Ja, jag kommer!" utbrister Evelina och drar på sig morgonrocken. Ilsket sliter hon upp dörren, men stänger den lika snabbt igen.
"Gå härifrån!" ropar hon.
Dörrklockan ringer igen.
"Sluta!" Evelina håller för öronen.
"Sluta själv!" ropar Anders. "Öppna nu."
Evelina öppnar dörren igen. "Så, nu har du fått se mig. Ja, jag är ledsen att jag ljugit för dig. Jag är inte alls så cool som du trott. Om du nu **någonsin** har trott det", lägger hon till. "Nej, jag har aldrig varit på *Far i hatten* förut, jag visste inte vem Emil Jensen var förrän i torsdags och ..." Hon avbryter sig. "Och jag har inga vänner, förutom Sabina."
"Hon är inte din vän", säger Anders allvarligt.
"Nej, jag har väl *inga* vänner då."
"Det var inte så jag menade."
"Vad gör du här?" frågar hon argt. "Jag har sagt att jag är ledsen. Du kan gå nu."
"Kan du inte sluta?"
Frågan gör Evelina **mållös**.
"Jag fattar att du är ledsen. Jag fattar att du inte har det bästa **självförtroendet**", säger Anders långsamt. "Men kan vi inte bara gå ut och ta en pizza?"
Evelina tror inte sina öron.

"Är du inte arg på mig?" frågar hon.
"Varför skulle jag vara det? Fattar du inte?" utbrister Anders. "Jag vill lära känna dig!"
"Varför?" Evelina känner hur tårarna börjar rinna. "Jag är ju bara jobbig, ful, dum, tjock, en lögnare ..."
"Eller snarare **modig**, söt och rolig", avbryter Anders. "Du går liksom din egen väg, även om du försöker göra motsatsen. Det är personer som Matilda och Sara som är **tråkiga**. De gör bara som alla andra. Och den där Sabina är ju bara **taskig**. Men du verkar liksom vara *en människa*. Någon som visar känslor och är spontan och ... klär dig hur du vill!"

modig	mutig
tråkig	langweilig
⚡ **taskig**	fies, gemein

Evelina ler lite.
"Den där klänningen är något alldeles extra, eller hur?"
Anders ler. "Absolut, men den här morgonrocken är ännu bättre."
Evelina skrattar.
"Lite som den där Emil Jensen-låten *Inte vackrast i världen*", säger hon.
"*Men världen är vackrast i dig.*" Anders tystnar och tittar intensivt in i hennes ögon.
Evelina tänker att det kanske blir en bra dag trots allt.

Inga garantier

Charlotte Müntzing

Karin hat ihr Leben als Lehrerin gründlich satt! Sie braucht dringend eine Auszeit bevor sie noch ein Burn-out bekommt. Da kommt ihr die Gelegenheit gerade recht, ein Ferienhaus in dem idyllischen, ruhigen Schärengarten Sankt Anna zu mieten. Vielleicht kann sie sich dann endlich auf ihr Hobby konzentrieren: das Schreiben.

Karin: Karin ist alleinerziehende Mutter ihres Sohnes Nils und darauf ist sie sehr stolz, denn es hat beiden an nichts gefehlt. Ihr Sohn ist erwachsen geworden und geht nun seine eigenen Wege – Zeit für Karin, sich auch über ihr Leben wieder Gedanken zu machen.

Måns: In einem Kurs lernt Måns die nette Teilnehmerin Karin kennen. Zu seiner Überraschung empfindet er schon nach kurzer Zeit Gefühle, die er schon lange nicht mehr gespürt hatte.

"**Fan ta** alla pensionärer!ⓘ"
Ytterdörren rycks upp och far sedan igen med en **smäll**. Karin ser upp från **tidningen**. I dörren till köket står hennes son Nils. **Rufsig** i håret, **otvättad** skjorta och en mycket **skrynklig** kostym. Karin lägger ner tidningen på bordet och ser på sin son.
"Vad har hänt?" säger hon lugnt.

⚡ **Fan ta ...!**	Der Teufel soll ... holen!
smäll *u*	Knall
tidning *u*	Zeitung
rufsig	zerzaust, strubbelig
otvättad	ungewaschen
skrynklig	zerknittert
dygn *u*	24 Stunden
föreläsning *u*	Vorlesung
bussfirma *u*	Busgesellschaft
konstutställning *u*	Kunstausstellung

Gå i pension kann man in Schweden ab 61 Jahren; das Recht, eingestellt zu bleiben, besteht bis 67 Jahre.

Nils sätter sig på en stol.
"Ge mig en kopp kaffe så ska jag berätta. Sedan sover jag i tre **dygn**ⓘ. Du väcker mig på torsdag för då ska jag gå på **föreläsning**."
Karin startar espressomaskinen.
Nils dricker två koppar kaffe, lutar sig tillbaka i stolen och ser med trötta ögon på sin mor.

Ett dygn hat 24 Stunden. Davon abgeleitet gibt es das umgangssprachliche Verb *dygna* (24 Stunden wach bleiben).

"Alltså", säger han. "De ringde från **bussfirman** och undrade om jag kunde ta en guidning till Hamburg. Det var en grupp pensionärer som skulle nerⓘ till Tyskland, gå på stadsvandringar och besöka ett par **konstutställningar**. Det lät inte så jobbigt, bra be-

Aus schwedischer Perspektive sind südlicher gelegene Länder oft „unten": *Vi åkte **ner** till Tyskland* (Wir gingen nach Deutschland runter). ***Nere** i Europa är det tågkaos* (Unten in Europa ist das Zugchaos).

talt var det och jag tänker att jag kan sitta och läsa i bussen, så jag tackar ja. Som du vet är det lite ebb i kassan..."

Jo, det känner Karin till.

"Det börjar bra", fortsätter Nils. "Bussen är fullsatt och alla är riktigt trevliga. Den första halvtimmen är det ganska **tyst**. De har med sig kaffetermosar och smörgåsar, äter och dricker ända till Södertälje. Att det inte bara är kaffe i termosarna förstår jag snart för i Nyköping är det full fart på **allsången** ⓘ. En gubbe berättar historier och de historierna blir bara fräckare och fräckare. När vi kommer till Jönköping är de så grova att jag sitter med fingrarna i öronen. **Orkar** inte höra på eländet. Sedan ska de **kissa**..."

tyst	still, ruhig
allsång *u*	gemeinsames (öffentl.) Singen
orka	schaffen
ϟ **kissa**	pinkeln
färja *u*	Fähre
knacka	klopfen
uppföra sig	sich benehmen

"Men det finns ju toa på bussarna, så det är inget problem", avbryter Karin.

"Jo, men den räcker inte när trettiofyra personer ska kissa samtidigt. Vi stannar nio gånger för kisspaus innan vi kommer till Malmö. Chauffören kör som en galning för att vi ska hinna med **färjan** till Tyskland. Vi kommer fram till hotellet i Hamburg en timme före midnatt", fortsätter Nils, "och då tänker jag att nu går de och lägger sig. Men då **knackar** de på min dörr. De ska på nattklubb och jag ska med. Vi är på fyra olika klubbar och de **uppför sig** som tonåringar på ett raveparty. Klockan fem kommer jag i säng. Klockan åtta bultar de

ⓘ Die Schweden lieben es, gemeinsam zu **singen**. Über 600.000 Leute musizieren in Chören. Bei einer Einwohnerzahl von circa 10 Millionen Schweden ist das ein großer Anteil.

ölstuga *u*	Bierstube, Bierhaus
sikta in sig på ngn.	jmd. ins Auge fassen, es auf jmd. absehen
ostfralla *u*	Käsebrötchen
dricks *u*	Trinkgeld
avstigning *u*	Ausstieg

på dörren: "Upp och hoppa, Nisse! Det är frukost! Stadsvandringen börjar om en timme."
Karin skrattar.
"Museer", fortsätter Nils, "det är inte aktuellt. Vi ska till **ölstugor** och vinstugor och hela tiden envisas de med att bjuda mig. På kvällen är det nattklubbar. Jag är tvungen att dansa. Det är speciellt två tanter som **siktar in sig på** mig."
"Ska du inte ha en smörgås?" Karin skjuter fram fatet med **ostfralla**. Nils tar en smörgås.

Övning 1: Prepositioner. Lesen Sie weiter und ergänzen Sie die fehlenden Präpositionen!

~~på~~ till till från i på mot till

"De fortsätter **1.** _på_ hemvägen också. Sjunger och pratar. Kom och sitt hos oss, Nisse! Så fortsätter det **2.** ____________ Södertälje. En gubbe går runt och samlar ihop **dricks** **3.** ____________ mig. Sedan blir det tyst. De sover. Det blir ett helvete att få liv **4.** ____________ dem när vi kommer hem till Stockholm trettio minuter senare och det är **avstigning**. Nej! Aldrig mer!", säger Nils med eftertryck och reser sig **5.** ____________ bordet. "Det är inte värt pengarna även om det blir **en bra slant**." Han lägger en **papperspåse** 6. ______________ bordet. Den prasslar och klirrar. Han reser sig och går **7.** ______________ köksdörren. "Varför läser du en **veckotidning** **8.** ______________ frukost? Du brukar väl inte köpa veckotidningar. Du säger alltid att de är så **dyra**."

ϟ **en bra slant**	ein nettes Sümmchen
papperspåse *u*	Papiertüte
veckotidning *u*	Wochenzeitung
dyr	teuer
tillåta	erlauben
födas	geboren werden
Så roligt!	Wie toll!
flera	mehrere
tanke *u*	Gedanke

Karin ser på tidningen hon håller i handen. Nej, hon brukar inte köpa veckotidningar. Ekonomin har inte **tillåtit** det. Hon har varit ensam familjeförsörjare ända sedan Nils **föddes**. Det har gått bra, tänker hon, men det har varit utan extra lyx som veckotidningar.

"Det här är en speciell tidning", säger hon. "Titta på sidan 16."

Nils bläddrar i tidningen.

"Va?! Har du skrivit en novell? Och fått den publicerad! **Så roligt**!"

"Jag skickar in en novell till idag. De skriver att de vill ha **flera**."

"Det tycker jag absolut att du ska göra. Då kanske du kan arbeta bara halvtid i skolan."

Nästa morgon sitter Karin på bussen till arbetet. **Tankarna** maler i huvudet på henne. Är hon bekväm? För lat för att pröva någonting nytt. Nej, men rädd för att äventyra den **trygghet** hon har. Lägenheten är betald, avgiften[i] är inte så hög, hon har sparat extra till pensionen, hon har lång anställning i kommunen[i]. **Törs** hon riskera allt det bara för att en veckotidning köper en av hennes noveller? Hon är ute i god tid, så den här morgonen går hon av bussen en **hållplats** tidigare än hon brukar. Hon stannar för rött ljus på Folkungagatan. I ett stort **skyltfönster** annonseras vårens utbud av kurser. En liten **papperslapp** i ena **hörnet** gör reklam för en kurs på temat: *Lär dig skriva för veckopressen.* Tur att jag inte är **vidskeplig**, tänker hon. Kan vara ett omen.

trygghet *u*	Sicherheit, Geborgenheit
törs	wagen
hållplats *u*	Haltestelle
skyltfönster *n*	Schaufenster
papperslapp *u*	Zettel
hörn *n*	Ecke
vidskeplig	abergläubisch
frånvarande	abwesend
ovanlig	ungewöhnlich
tjänstledig	beurlaubt

Der Eigentümer einer Wohnung bezahlt jeden Monat *avgift*. Wenn man eine Wohnung mietet, bezahlt man *hyra*.

Hon är så **frånvarande** på lektionerna den dagen att hennes elever är **ovanligt** tysta. Tankarna maler och maler. När den sista lektionen för dagen är avslutad går hon in till skolans rektor.

"Jag undrar om det finns någon möjlighet att få vara **tjänstledig** ett halvår?" säger hon. "Det är höstterminen i år."

Kvinnan på andra sidan skrivbordet ser på henne över glasögonen.

Bei Kündigungen gilt, dass die zuletzt Eingestellten als Erstes gekündigt werden, falls es nötig ist (Kündigungsschutzgesetz = LAS, *Lagen om anställningsskydd*).

huvudvärk *u*	Kopfweh
undvika	vermeiden
behörig	kompetent
hösttermin *u*	Herbstsemester, erstes Schulhalbjahr
lämna besked	Bescheid geben
så snart som möjligt	baldmöglichst
omtumlad	verwirrt, aufgewühlt

”Tjänstledig”, säger hon långsamt samtidigt som hon bläddrar i en bunt med papper.
”Ja”, säger Karin. ”Jag behöver göra någonting annat än att få **huvudvärk** av elever varje dag. Jag har arbetat i skolan i trettio år. Jag ska hålla ut den här vårterminen men sedan måste jag få göra någonting annat en tid. Annars gör jag en Brexit. Jag kraschar ut från engelskundervisningen.“
”Det ska vi försöka **undvika**. Det är inte lätt att få tag på bra, **behöriga** lärare(i), men du har tur Karin. Jag har precis fått ett brev från en man som har arbetat här tidigare som lärare. Mycket duktig. Han vill gärna ha ett vikariat här under **höstterminen**.” Hon sträcker sig efter en pärm och tar fram några papper som hon lämnar över till Karin. ”Du får fylla i de här och lämna dem till mig i morgon.”
”Men”, säger Karin, ”jag menar inte så definitivt. Jag vill bara höra om det finns en möjlighet att få ledigt.”
”Nu vet du. Hör av dig till mig i morgon. Jag vill **lämna besked så snart som möjligt** till den som ska ersätta dig.”
Lite **omtumlad** lämnar Karin rektorsexpeditionen. Går det för lätt? Eller är det inte svårare än så här att ändra på sitt liv? Hon tar inte bussen från den vanliga hållplatsen utan går i

> (i) **Behörig lärare** ist eine Person, die für ein bestimmtes Schulfach als Lehrkraft zugelassen wird – typischerweise nach einem Lehramtsstudium, aber auch ein anderes Universitätsstudium oder Berufserfahrung kann Grundlage für *behörighet* sein.

snöslasket ända tillbaka till skyltfönstret med kursreklamen. Hon läser noga den lilla lappen som sitter i skyltfönstret och skriver upp telefonnumret till kontoret på en ask med Alvedon[i] som hon har i väskan.

snöslask *n*	Schneematsch
röst *u*	Stimme
mössa *u*	Mütze

Övning 2: Rätt eller fel? Welche Aussagen sind richtig? Kreuzen Sie an!

1. ❏ **a)** Karin är Nils flickvän.
   ❏ **b)** Karin är Nils mamma.
2. ❏ **a)** Nils reser med pensionärer till Hamburg.
   ❏ **b)** Karin reser med pensionärer till Hamburg.
3. ❏ **a)** Ostfralla är en dessert.
   ❏ **b)** Ostfralla är en smörgås.
4. ❏ **a)** Karin kör bil till arbetet.
   ❏ **b)** Karin åker buss till arbetet.

Alvedon, Ipren, Panodil und Treo sind bekannte Schmerzmittel, die man ohne Rezept kaufen kann. Sie werden nicht nur in Apotheken, sondern auch in Lebensmittelgeschäften verkauft.

"Kan jag få låna din penna?" **Rösten** är mjuk och vänlig med ett litet skratt. Hon ser upp. I skyltfönstret ser hon spegelbilden av en man som har **mössan** långt nerdragen över öronen och tjock **skäggstubb.** Kragen är uppfälld mot den **snåla**[i] vintervinden.

skäggstubb *u*	Bartstoppeln
snål	*hier:* kalt, beißend
riva bort	abreißen
leende *n*	Lächeln

"Jag tänker anmäla mig till den där kursen", säger han. "Men tyvärr har jag ingenting att skriva med – eller på."
Utan ett ord räcker Karin honom sin penna. Ur väskan tar hon upp asken med Alvedon och **river bort** en bit.
"Kan du skriva?" frågar hon sedan. Han skrattar. "Kan du?"
Karin tänker på den publicerade novellen.
"Ja, lite", svarar hon.
"Så bra. Hjälper du mig? Då märker de andra inte att jag är dummast på kursen. Du kommer väl?"
Efteråt tänker Karin att det är den där sista meningen som startar alltihop. Tre små ord som förändrar hennes liv.

Kurslokalen ligger i den centrala delen av Stockholm. Korridorerna är breda. Utanför sal A3A står det några människor och väntar. Ingen pratar med någon.
Högt säger Karin: "Är det här som skrivarkursen ska vara?"
Två kvinnor ser på henne.
"Ja, det är det", säger den ena. Den andra nickar bara. Sedan är det slut på den konversationen. Spontaniteten kommer kanske under kursen, tänker Karin och ler lite för sig själv. Dörren öppnas och en liten, glad man sträcker ut båda armarna mot gruppen. Hans breda **leende** och lysande ögon utstrålar mycket värme.
"Välkomna! Välkomna! Jag heter Max. Kom in så får vi bör-

> i Das Adjektiv **snål** bedeutet normalerweise „geizig", kann aber auch einen „kalten, beißenden Wind" beschreiben.

ja vårt viktiga arbete med att **skapa** riktigt stor litteratur." Karin känner en spontan sympati för den lille mannen. Det här blir trevligt, trots de sura damerna.

Övning 3: Adjektiv. Steigern Sie die Adjektive!

1. dum	dummare	*dummast*
2. ______	lättare	lättast
3. ______	mjukare	mjukast
4. liten	______	minst

Inne i klassrummet studerar hon sina kurskamrater. De flesta är kvinnor i hennes ålder. Där är ett par flickor som nog inte är mer än tjugo år. Tre män sitter tätt tillsammans som om de vill markera att de är en grupp för sig. Det finns ytterligare fem män i olika åldrar. Men **ingenstans** finns mannen som fick en bit av hennes Alvedonask. Karins goda humör sjunker **en aning**.

Läraren häller ut **tidningsurklipp** på bordet. Det är bilder på olika saker. "Nu väljer ni var sin bild och sedan skriver ni en kort **berättelse** om den. Ni får trettio minuter på er."

skapa	schaffen, kreieren
ingenstans	nirgendwo
en aning	ein kleines bisschen
tidningsurklipp *n*	Zeitungsausschnitt
berättelse *u*	Geschichte, Erzählung

Karin väljer en liten bild som föreställer en röd **skål** av glas. När trettio minuter har gått ropar Max att tiden är ute.

"Nu ska ni bilda par, läsa varandras texter och sedan diskutera dem."

Mannen till vänster om Karin vänder sig mot henne.

skål *u*	Schüssel
borta	weg
tjänstledighet *u*	unbezahlter Urlaub, Beurlaubung
reservpengar *pl*	Geld auf der hohen Kante
skärgård *u*	Schärengarten
granne *u*	Nachbar

"Är vi ett par?" frågar han. Karin ser på honom. **Borta** är den tjocka vintermössan och den uppfällda kragen. Ingen skäggstubb, men det är han. Mannen från skyltfönstret.

Det är söndagsmorgon. Klockan är nio. Karin sitter vid köksbordet och ser ut genom fönstret. Det är grått där ute. Framför henne ligger en stor anteckningsbok och tre pennor.

"Det går så fort det här. Jag vet inte om jag hinner med? På kort tid har jag fått **tjänstledighet**. Jag går en kväll i veckan och lär mig skriva noveller. Nu måste jag skriva många noveller så att jag har lite **reservpengar** till i höst. Men", säger hon till Nils som sitter på andra sidan bordet, "hur ska man kunna få någon inspiration i det här dystra vädret?"

"Varför går du inte ner till Andersson och frågar om han fortfarande hyr det där stället nere i Sankt Anna **skärgård** [i]? Det är ju ett fint ställe." säger Nils.

"Inte vill jag fråga Andersson om det. Han pratar ju inte med några **grannar** längre."

Der **Schärengarten** von **Sankt Anna** liegt an der östlichen Küste Schwedens, etwa 250 Kilometer südlich von Stockholm. Es ist eine sehr schöne Gegend und viele Schweden haben hier ihre Sommer-Ferienhäuser.

"Han bjöd oss på kräftskiva [i], så lite kontakt vill han nog ha", säger Nils. "Då kan du bo där nere hela sommaren och hösten. Tänk så många noveller du hinner skriva på den tiden."

fundera	überlegen
överta	übernehmen
hyreskontrakt *n*	Mietvertrag
tveksam	unschlüssig
ägare *u*	Besitzer

Karin **funderar**. Så reser hon på sig, går ut genom dörren och går två trappor ner. Det står Andersson på dörren. Karin sätter fingret på dörrklockan och ringer på.

> **Kräftskiva** ist ein traditionelles schwedisches Fest im Spätsommer, bei dem in vielen Familien *kräftor* (Krebse) gegessen werden.
> Die Flusskrebse werden mit viel Dill gekocht und dann mit Schnaps und Bier kalt serviert.

När Karin kommer ut från Anderssons lägenhet en timme senare möter hon Nils som just är på väg ut.

"Hur gick det?"

"Det gick bra", viskar hon. "Jag får **överta hyreskontraktet** från och med 1:a juni. Andersson ringde till mannen som äger huset. Först är han **tveksam**, men så berättar Andersson hur trevlig jag är. Säger att jag är så ordentlig. Då får jag hyra direkt, men bara till sista december.

Övning 4: Fyll i tomrummen. Lesen Sie weiter und ergänzen Sie die richtigen Verben!

dela ~~sälja~~ prata betalas sätter springa

Ägaren ska tydligen **1.** *sälja* huset och den nye ägaren vill flytta in efter nyår."

"Men det är ju precis vad du vill ha, mamma. Så bra. Jag vill **2.** ______________ med dig om lägenheten. Du ska ju nu vara borta mer än ett halvår. Du har ingen inkomst eftersom du är tjänstledig. Avgiften för lägenheten måste **3.** ______________.

Jag måste **4.** ______________ nu. Är du hemma i kväll?"

"Ja. Det är ingen kurs i kväll."

På kvällen kommer Nils hem. Han **5.** ______________ sig vid köksbordet.

"Jag har en kompis som gärna vill **6.** ______________ lägenheten med mig under den här tiden. Då är avgiften inget problem. Vad säger du?"

Han lägger huvudet lite på **sned** och ser frågande på sin mor.

"Men var ska jag **göra av** alla mina saker?" Karin blir alldeles **förtvivlad**.

"Det är inget problem, mamma. Du behåller ditt rum som det är. Vi ska inte använda det. Vi bor i mitt rum."

Karin ser länge på sin son.

sned	schief
göra av ngt	etw. (irgendwo) hintun, verstauen
förtvivlad	verzweifelt
orka med ngn	jdm. ertragen, aushalten

"Vad heter den där kompisen?" säger hon.

"Marie", säger Nils. "Vi träffades i början på förra terminen", fortsätter han, "och vi letar efter en lägenhet där vi kan prova att bo för att se om vi **orkar med** varandra. Men vi hittar ingenting. Det är alldeles **hopplöst**."

hopplöst	hoffnungslos
bister	streng, finster
tro	glauben
ganska	ziemlich
misstänka	vermuten
inte heller	auch nicht

"Så det är därför som du vill att jag ska till Sankt Anna skärgård?" Karin ser **bistert** på sin son.
"Nej, mamma. Jag svär. Det är först nu när du har bestämt dig som vi vill fråga dig."
"Jag får väl **tro** dig", säger Karin. "Men jag vill träffa den där Marie innan jag åker. Jag lagar middag. På torsdag."
"Torsdag? Det är redan i morgon. Jag vet inte..."
"På torsdag", säger Karin. "Klockan 19.00."

De flesta kursdeltagarna är **ganska** avancerade och Karin **misstänker** att en del av dem har mera erfarenhet av skrivarbete än vad de säger. Mannen från skyltfönstret presenterar sig som Måns. Han är nog **inte** helt ärlig, han **heller,** och han skriver riktigt bra.
De två sura damerna ser ännu surare ut när de ser hur ro-

Övning 5: Översättning. **Übersetzen Sie folgende Wörter!**

1. prata *reden*

2. borta ____________________

3. eftersom ____________________

4. alldeles ____________________

5. inte några ____________________

ligt Karin och Måns har tillsammans. De sticker ofta ihop huvudena och fäller **spydiga** kommentarer. En kväll pratar de **ovanligt** högt. ”Hon kan vara hans mamma”, säger en av dem.
”Ja, **snygg** är hon inte heller. Hon kanske har pengar.”
Karin blir ledsen. Det är första gången hon tänker på att Måns är mycket yngre än hon.

spydig	gemein, spöttisch
ovanlig	ungewöhnlich
snygg	hübsch
bry sig om	sich kümmern um
skölja ned	herunterspülen
ful	hässlich
kram *u*	Umarmung
berusad	betrunken

”**Bry dig** inte **om** dem”, säger Måns som också har hört. ”Vi **sköljer ner** det där med ett glas vin efter kursen. Vad säger du?” Han ser frågande på henne. Karin vänder sig mot Måns. ”Är jag **ful**?” frågar hon. Måns ser länge på henne.
”Är det så det är”, säger han långsamt. ”Är det ingen som ger dig **kramar** och talar om för dig hur fantastiskt attraktiv du är? Kom, jag vet en trevlig liten italiensk restaurang. Den ligger inte långt härifrån“.
Det är orsaken till att Karin kommer hem ganska sent efter varje kurskväll. Hon och Måns startar ett projekt. De testar alla stans italienska restauranger. Fast inga pizzerior. De är för många.
Långt senare försöker Karin att komma ihåg när det klickade till för hennes del. Kanske är det den gången när de ska gå ut från en restaurang och två **berusade** typer spärrar vägen för henne.
”Lilla gumman”, säger den ene, ”du ska inte gå med ho-

Im Haupsatz kommt das Wort **inte** nach dem ersten Verb. Z.B.: *Jag reser inte i morgon.* Im Nebensatz kommt das Wort *inte* vor dem ersten Verb. Z.B.: *Jag är här imorgon, om jag inte reser hem.*

nom där utan du ska komma med oss och ta ett glas vin."

Måns tar hennes hand, **banar väg** för dem mot dörren och behåller hennes hand i sin när de går längs gatan. Karin kan fortfarande minnas den trygghet som hans hand förmedlar. Det är nytt för henne. Ingen har någonsin skyddat henne, hon har alltid fått klara sig själv.

bana väg	sich den Weg bahnen
kallsvettig	schweiß-gebadet
gatlopp *n*	Spießruten-lauf
bedra	betrügen
⚡ **Toka!**	Verrückte!
skämmas	sich schämen
bjuda ngn	jmd. einladen

Under de här kvällarna pratar de om allt möjligt, men inte så mycket privat. Mest om sina drömmar att skriva.

En natt vaknar Karin **kallsvettig**. Hon har drömt. I drömmen springer hon och Måns **gatlopp** mellan de andra kursdeltagarna. De pekar finger. "Se så gammal hon är. Han kommer att **bedra** henne. Varför tror hon att han vill ha henne? **Toka**. **Skäms**, skäms!"

"Har du sovit dåligt?" Nils ser bekymrat på sin mor som sitter vid köksbordet.

"Ja. Men det är ingenting jag vill prata om nu."

"Okej. Glöm inte att vi ska äta middag här i kväll. Marie kommer. Varför ringer du inte till den där Måns och **bjuder** honom? Vi vill också träffa honom."

Karin ringer. Måns blir glad. Han kommer gärna på middag hos henne.

"Jag kommer klockan sex. Okej?"

"Min son och hans flickvän kommer också, så jag lagar lite extra", säger Karin, som plötsligt känner sig alldeles lugn och glad igen. Det här blir trevligt, tänker hon.

Övning 6: Plural. Setzen Sie die Substantive in den unbestimmten Plural!

1. kram *kramar*
2. restaurang ______________
3. kväll ______________
4. dröm ______________

Torsdagskväll. Precis klockan sex ringer det på ytterdörren. Karin tar av sig förklädet och skyndar sig ut i hallen. Utanför ytterdörren står Måns med en fantastisk blombukett. "Den här är för middagen", säger han och räcker över blommorna. "Och det här är för att du äntligen bestämde dig för att bjuda hem mig till dig." Han slår armarna om Karin och kysser henne. Länge.

fösa	schubsen
Hoppsan!	Hoppala!
åka dit	*hier:* sich verlieben
stadga sig	sich binden

Det ringer på dörren igen. Nils kommer farande genom hallen, **föser** Måns och Karin åt sidan och öppnar dörren. In kommer en flicka, även hon med blommor i handen.

"Jag heter Marie", säger hon. "Tack för att jag är hitbjuden i kväll." Hon ler ett fantastiskt leende mot Karin.

Hoppsan, tänker Karin. Nu **åker** Nils **dit**[i] ordentligt. Så bra, han behöver **stadga sig**.

Åka dit (Betonung auf *dit*) bedeutet normalerweise „festgenommen werden", aber auch wie hier „sich (so richtig) verlieben".

Högt säger hon: "Jag älskar blommor. Tack, tack!" Under den första delen

av middagen är det ganska tyst runt bordet.
"Man kan inte prata när man får så här god mat", **ursäktar sig** Måns. "Du är ju en fantastisk kock", fortsätter han. "Varför har du inte sagt någonting om det tidigare? Då **hade** vi **sluppit**[i] alla halvbra middagar på **krogen**."
"När hon sedan bor i Sankt Anna så kommer hon nog att mest servera fisk", säger Nils med munnen full av rabarbermousse med rostad mandel.
"Sankt Anna?" Måns lutar sig fram över bordet.
"Har du inte berättat att du **flyttar** till Sankt Anna om några veckor?" Nils ser frågande på sin mor som sitter med **nedslagna** ögon. Karin samlar ihop sig. Det är väl inte så **konstigt** att hon ska vara borta från Stockholm ett tag. Hon är inte skyldig att be någon om **tillåtelse** för vad hon gör med sitt liv.
"Ja", säger hon vänd till Måns. "Jag har hyrt ett hus där för att skriva."
Det är alldeles tyst runt bordet. Måns bara ser på Karin. Hon förstår inte **uttrycket** i hans ansikte. Måns tackar för maten och går ut genom dörren.
"Vad händer?" Nils kommer ut i hallen. "Han kommer som ett **solsken** och går som ett **ösregn**."

ursäkta sig	sich entschuldigen
slippa	nicht machen müssen
krog *u*	Kneipe, Gaststätte
flytta	umziehen
nedslagen	niedergeschlagen
konstig	sonderbar, komisch
tillåtelse *u*	Erlaubnis, Genehmigung
uttryck *n*	Ausdruck
solsken *n*	Sonnenschein
ösregn *n*	strömender Regen

Das Verb **slippa** (slapp, sluppit) hat keine genaue Entsprechung im Deutschen, bedeutet aber je nach Kontext etwa „nicht machen müssen, loswerden, entweichen".

Övning 7: Verb. Setzen Sie die Verben im Präsens ein!

1. Varför säga *säger* du inte det till honom?.

2. Det ringa ______________ på dörren.

3. Han tacka ______________ och går.

4. Karin vända ______________ sig mot Måns.

Karin går in i sitt rum. Hon stänger dörren. **Tårarna** rinner nerför kinderna. Det känns som om hon har förlorat någonting riktigt **dyrbart**. Men varför reagerade han som han gjorde? Varför pratade han inte med henne? Först denna kyss som var så full av **känslor**, ja, så full av allt och sedan denna **avvisande**, kalla reaktion.

tår *u*	Träne
dyrbar	kostbar
känsla *u*	Gefühl
avvisande	abweisend
allvarlig	ernst
böja sig	sich bücken

Veckan därpå är det kursavslutning. Max har bakat en stor tårta som han bjuder på. Måns kommer sist.
"Tror ni att ni kan göra plats för en till här?" Han ler brett mot tjejerna som sitter bredvid Karin. De flyttar snällt på sig så att han får plats.
"Tårtan är jättegod. Du måste smaka." Karin spetsar en bit tårta på en gaffel och räcker fram den mot Måns. Han ser **allvarligt** på henne, tar hennes hand och styr gaffeln mot sin mun.
"Mmm", säger han och sluter ögonen. "Nu är jag i himlen."
Måns **böjer sig** fram mot Karin.
"Jag vill prata med dig. Det är någonting jag måste berätta

innan du åker till Sankt Anna. Kan jag komma hem till dig i morgon?"

hinna	Zeit haben, etw. zeitlich schaffen
↯ **ge järnet**	sich ins Zeug legen

Karin nickar. Hon kommer inte ihåg så mycket mer av kvällen. Tankarna bara maler i huvudet på henne. Vad är det Måns måste berätta? Och varför är det viktigt att han får göra det innan hon åker?

Nästa morgon vaknar Karin tidigt. Hon sveper morgonrocken om sig och går ut i köket för att sätta på kaffebryggaren. Nils är hos Marie och hjälper henne att tömma sitt[i] studentrum.

"Har du kaffe? Underbart!" Nils kommer in genom ytterdörren med två flyttkartonger. "Jag har goda nyheter." Han ställer ner kartongerna. "Jag har ordnat bussresa för dig. Du kliver på här i Stockholm och åker direkt till Valdemarsvik[i]. Han häller upp en kopp kaffe, öppnar kylskåpsdörren och tar ut smör, ost och kaviar.

Sin/sitt/sina bezieht sich immer auf das Subjekt im selben Satz. Vergleichen Sie *Hon tömmer* ***sitt*** *rum* (ihr eigenes) und *Hon tömmer* **hennes** *rum* (das einer anderen Frau).

"Det är bara ett litet aber. Bussen går klockan fyra i eftermiddag."

"I eftermiddag! Det går inte. Jag **hinner** inte!"

Valdemarsvik ist ein kleiner Ort an einer Bucht der Ostsee, etwa 230 km südlich von Stockholm.

"Det gör du visst. Vi hjälper dig." Marie kommer in i hallen. Hon släpar på en stor resväska.

"Nu dricker vi kaffe, planerar vad som ska med och så **ger vi järnet**[i]." Hon ser så bestämd ut att både Nils och Karin snällt slår sig ner vid köksbordet.

"Måns!" Karin far upp från stolen. "Måns kommer hit i dag."

uppdrag *n*	Auftrag
ljuga	lügen
arg	verärgert, wütend
trycksak *u*	Drucksache
jättekär	sehr verliebt

"Men ring honom då", säger Marie.
Karin tar fram lappen som hon en gång skrev upp Måns telefonnummer på.
"Svenska Dagbladet, god morgon. Vad kan jag hjälpa dig med?"
"Svenska Dagbladet......? Jo, jag vill prata med Måns Robertsson."
"Måns Robertsson är ute på **uppdrag**. Tillbaka om fyra dagar. Ska jag lämna ett meddelande?"
"Nej tack."
Karin lägger telefonen på bordet. "Han är journalist! Han har **ljugit** för mig!"
"Har han det? Har han sagt: Jag är inte journalist. Jag är lärare. Har han sagt så?" Marie är lite **arg**. Hon står upp i rummet och gestikulerar.
"Nej, så har han inte sagt", svarar Karin. "Han har sagt att han arbetar med **trycksaker**."

Der Ausdruck **ge järnet**, wortwörtlich „Eisen geben", bedeutet etwa „sich ins Zeug legen, alles geben, sich anstrengen" und wird oft im Sportkontext verwendet.

"Jaha. Så tidningar är inte trycksaker då? Karin, han är **jättekär** i dig. Kan du inte bara tro på det?"
"Han är femton år yngre än jag. När jag är sjuttio, då är han femtiofem. Jag vill sitta hemma och se på TV och han vill gå på krogen med gänget. Det kommer inte att fungera. Han är trettiosju år. Han kanske vill ha barn och det kan jag inte ge honom."
"Alla män vill inte ha barn", säger Nils och häller upp kaffe.

"Är det någon som vill ha en kanelbulle till kaffet?" Han håller fram en påse kanelbullar som han har tagit ur frysen.
"Han är lika rädd som du", fortsätter Marie. "Han vet att ni kommer att få **fåniga** kommentarer från **trångsynta** människor. Men jag tror att han är beredd att bara **strunta i** det. Han älskar dig och han kommer att älska dig ännu mera när du har köpt ett nytt piggare läppstift. Sådant här ska du ha." Marie tar upp ett läppstift ur sin väska. "Det finns inga garantier för någon. Nils och jag älskar varandra vansinnigt nu, men inte heller vi vet var vi står om tio år."
"Det vet vi visst det", **morrar** Nils. "Nu packar vi klart så att mamma kommer iväg."

fånig	albern, dumm
trångsynt	engstirnig, eingeschränkt
strunta i ngt	etw. ignorieren, sich etw. egal sein lassen
morra	murren
slutta	abfallen
dopp *n*	kurzes Bad
rensa	*hier:* klären
varken ... eller	weder ... noch
svepa	*hier:* umwickeln

I Valdemarsvik tar Karin en taxi. Snart är hon framme vid huset hon har hyrt. Huset ligger på en stenhäll som **sluttar** ner i vattnet.
Vilken utsikt, tänker Karin. Här går det bra att skriva. Solen ska just gå ner men det är varmt och skönt i luften trots att det bara är juni månad. Jag tar ett kvälls**dopp**, tänker hon. Det kalla vattnet **rensar** alla tankar i hennes huvud och nu ser hon klart. Hon **varken** vill **eller** kan leva utan Måns. Hon går upp ur vattnet och **sveper** badrocken om sig. Hon går upp för klippan och upp på verandan. Ur väskan tar hon fram sin mobil.

sömm *u*	Schlaf

"Jag hoppas att det är mig du tänker ringa till."
Karin snurrar runt. I en stol sitter Måns.
"Ja, det tänkte jag. Hur kommer det sig att du är här?"
"Det är mitt hus. Du hyr av mig. Jag tänkte att om jag säljer det här huset så kan du och jag köpa en lägenhet tillsammans i Stockholm. Men sedan säger du på middagen hos dig att du ska vara borta nästan ett år. Jag börjar tro att du inte vill leva med mig, men din kyss sa någonting annat."
Han drar med handen över håret. "Jag pratar för mycket. Men jag har inte sovit på länge. Karin, vill du leva med mig?"
Karin går fram till Måns. Hon öppnar sin badrock och slår den om honom.
"Älskade Måns. Det blir inte någon **sömn** nu heller."

Sluttentamen
Lösningar
Ordlista
Förteckning över övningar

Sluttentamen

Övning 1: Prepositioner. Ergänzen Sie die fehlenden Präpositionen!

1. Hon stannar för rött ljus ______________ Folkungagatan.
2. ______________ väskan tar hon fram en penna.
3. Vi bor ______________ mitt rum.
4. Han ser allvarligt ______________ henne.

Övning 2: Ordorm. Finden Sie fünf Wörter in der Buchstabenschlange!

uhjklnöjesfältjgarbtväckarklockaolkprieämeddelandem

bvehgkollegapleikfmorgonrockkkjlön

Övning 3: Rätt eller fel? Kreuzen Sie die richtigen Aussagen an!

1. Olof Palme var Sveriges statsminister. ☐
2. Olof Palme faller från en slussport och bryter nacken. ☐
3. Lasse och Anna köper en båt. ☐
4. På kanalbåten Diana finns inga hytter. ☐
5. Göta kanal kallas för skilsmässodiket. ☐
6. Lasse och Anna har fyra barn. ☐

Övning 4: Översättning. **Übersetzen Sie die Sätze!**

1. Tåget rullar in på perrongen.

____

2. Glassen smälter i munnen.

____

3. Varför står vi här och viskar?

____

4. Jag kan bevisa det!

____

5. Tomas har blivit gripen av polisen!

____

Övning 5: Verb. **Ergänzen Sie die Verbtabelle!**

kysser	*kysste*	*kysst*
1. arbetar	arbetade	
2.	ringde	ringt
3.	drack	druckit
4.	körde	kört
5. bjuda		bjudit

Lösningar

Det nya livet

Övning 1: **1.** stationer **2.** telefoner **3.** ryggsäckar **4.** tåg **5.** tavlor **6.** barnvakter

Övning 2: **1.** kö **2.** resväskor **3.** nittio **4.** korsord **5.** höger **6.** penna **7.** kvitto **8.** kronor

Övning 3: **1.** hon **2.** Han **3.** henne **4.** honom **5.** Han **6.** henne **7.** honom **8.** hon **9.** Hon **10.** honom

Övning 4: **1.** rätt **2.** fel (Ella behöver inte köpa möbler till sin lägenhet.) **3.** fel (*Glassigt* är en glassbutik.) **4.** rätt **5.** fel (Solen skiner när Ella kommer till sin lägenhet.)

Övning 5: **1.** försöker **2.** kan **3.** startar **4.** lämnar **5.** får

Övning 6: **1.** dem **2.** de **3.** dem **4.** De

Övning 7: **1.** d **2.** a **3.** e **4.** c **5.** b

Övning 8: **1.** dag **2.** säga **3.** frukost **4.** nervös **5.** chef **6.** röster **7.** här

Övning 9: **1.** mataffär **2.** gick **3.** hennes **4.** sked **5.** man

Äntligen fri

Övning 1: **1.** in **2.** på **3.** bredvid **4.** över **5.** mot **6.** på

Övning 2: **1.** b **2.** a **3.** a **4.** a

Övning 3: **1.** ställer ner **2.** drinkar **3.** ordning **4.** färdigt **5.** båten **6.** middagen **7.** här

Övning 4: **1.** äldre **2.** fetare **3.** grövre **4.** blekare

Övning 5: **1.** gör **2.** går **3.** tänker **4.** vet **5.** slutar **6.** äter **7.** får **8.** missar

Evelina

Övning 1: **1.** skjortor **2.** män **3.** kassor **4.** jobb **5.** leenden

Övning 2: **1.** rätt **2.** fel (Evelinas byxor krympte inte i tvätten) **3.** rätt **4.** rätt **5.** fel (Makaronerna smakar gummi.)

Övning 3: **1.** -na **2.** -en **3.** -en **4.** -et **5.** -na **6.** -en

Övning 4: **1.** c **2.** e **3.** b **4.** a **5.** d

Övning 5: **1.** ett **2.** en **3.** en **4.** ett **5.** en

Övning 6: **1.** tröja **2.** namn **3.** springer **4.** när **5.** elak

Inga garantier

Övning 1: **1.** på **2.** till **3.** till **4.** i **5.** från **6.** på **7.** mot **8.** till

Övning 2: **1.** b **2.** a **3.** b **4.** b

Övning 3: **1.** dummast **2.** lätt **3.** mjuk **4.** mindre

Övning 4: **1.** sälja **2.** prata **3.** betalas **4.** springa **5.** sätter **6.** dela

Övning 5: **1.** reden **2.** weg/nicht zu Hause/fort **3.** da/weil **4.** ganz/völlig/total **5.** keine

Övning 6: **1.** kramar **2.** restauranger **3.** kvällar **4.** drömmar

Övning 7: **1.** säger **2.** ringer **3.** tackar **4.** vänder

Tentamenslösningar

Övning 1: **1.** på **2.** ur **3.** i **4.** på

Övning 2: uhjkl<u>nöjesfält</u>jgarbt<u>väckarklocka</u>olkprieä<u>meddelande</u>mbvehg<u>kollega</u>pleikf<u>morgonrock</u>kkjlön

Övning 3: **1.** rätt **2.** fel (Olof Palme blir skjuten.) **3.** fel (Lasse och Anna köper ett fritidshus.) **4.** fel (På Diana finns många hytter.) **5.** rätt **6.** fel (De har ett barn.)

Övning 4: **1.** Der Zug rollt auf den Bahnsteig. **2.** Das Eis schmilzt im Mund. **3.** Warum stehen wir hier und flüstern? **4.** Ich kann es beweisen! **5.** Tomas wurde von der Polizei festgenommen!

Övning 5: **1.** arbetat **2.** ringer **3.** dricker **4.** kör **5.** bjöd

Ordlista

ϟ	= umgangssprachlich
u	= Utrum (*en*)
n	= Neutrum (*ett*)
pl	= Plural
irr	= unregelmäßig

advokat *u*	Rechtsanwalt
ägare *u*	Eigentümer, Besitzer
allsång *u*	gemeinsames (öffentliches) Singen
allvarlig	ernst
andas (ut)	(aus)atmen
ankomst *u*	Ankunft
annorlunda	anders, andersartig
ännu	noch
ansiktsdrag *n*	Gesichtszug
ansvar *n*	Verantwortung
använda	benutzen, tragen
arg	verärgert, wütend
avbryta *irr* **ngn/ngt**	jmd./etw. unterbrechen
avgöra	entscheiden
avlång	länglich
avstigning *u*	Ausstieg
avvisande	abweisend
backspegel *u*	Rückspiegel
bagagehylla *u*	Gepäckablage
baksäte *n*	Rücksitz
baksida *u*	Rückseite
bana väg	sich den Weg bahnen
banka	pochen
barrträd *n*	Nadelbaum
bassäng *u*	Becken, Bassin
båtterminal *u*	Schiffsabfahrtsterminal
bedra *irr*	betrügen
befalla	befehlen
behörig	kompetent
benen viker *irr* **sig**	die Beine werden weich
berättelse *u*	Geschichte, Erzählung
berörd	berührt, betroffen
berusad	betrunken
bestämd	entschieden
besviken	enttäuscht
bevisning *u*	Beweisführung

biluthyrning *u*	Autovermietung
biograf *u*	Kino
bister	streng, finster
bjuda *irr* **ngn**	jmd. einladen
bjuda *irr* **ut**	*hier:* nach einem Date fragen
blanda	mischen
blänka	glitzern, glänzen
blåsippa *u*	Leberblümchen
blek	blass
blippa	Karte an Kartenleser halten
böja sig	sich beugen, sich bücken
bonde *u*	Bauer
bordsgranne *u*	Tischnachbar
borta	weg
bortförklara ngt	etw. erklären, schönreden
bortre	hintere
bråka	streiten
bråttom	eilig
bre ut	ausbreiten
brevlåda *u*	Briefkasten
brevväxla	korrespondieren, im Briefwechsel stehen
bröllopsnatt *u*	Hochzeitsnacht
bry sig om	sich kümmern um
bryta *irr*	brechen
bussfirma *u*	Busgesellschaft
byta	tauschen, ändern; *hier:* wechseln
byxlinning *u*	Hosenbund
då och då	ab und zu, von Zeit zu Zeit
dammsuga *irr*	staubsaugen
dansgolv *n*	Tanzfläche
darra	zittern
dessutom	außerdem
disk *u*	Theke
diskmaskin *u*	Spülmaschine
dock	allerdings, jedoch
död	tot
dopp *n*	kurzes Bad
dra *irr* **sig ur ngt**	sich aus etw. zurückziehen
dricks *u*	Trinkgeld
drottning *u*	Königin
dryg	hochnäsig
dygn *u*	24 Stunden
dyr	teuer
dyrbar	kostbar
en aning	ein kleines bisschen
ϟ en bra slant	ein nettes Sümmchen
endast	ausschließlich
enkel	einfach
fallhöjd *u*	Fallhöhe

⚡ **Fan ta ...!**	Der Teufel soll ... holen!
fängelse *n*	Gefängnis
fånig	albern, dumm
⚡ **Fanimej!**	Verdammt noch mal!
får *n*	Schaf
färdriktning *u*	Fahrtrichtung
färja *u*	Fähre
felsteg *n*	Fehltritt
fet	dick, fett
fiende *u*	Feind
fladdra	flattern
fläta *u*	Zopf
flera	mehrere
flyktbil *u*	Fluchtauto
flytta	umziehen
fnissa	kichern
födas	geboren werden
följa	folgen
föräldrar *pl*	Eltern
före detta	ehemalig, Ex-
föreläsning *u*	Vorlesung
förfäran *u*	Entsetzen
förlag *u*	Verlag
förlåta *irr*	verzeihen
förödmjukelse *u*	Demütigung
förolyckas	verunglücken
förrätt *u*	Vorspeise
förrförra	vorletzte/s/r
förskingra ngt	etw. unterschlagen
förståndig	vernünftig
förtvivlad	verzweifelt
förutom	außer
förvånad	verwundert
förvåning *n*	Überraschung, Staunen
fösa	schubsen
framhäva	hervorheben
främmande	fremd
framtand *u*	Vorderzahn, Schneidezahn
frånvarande	abwesend
frikänd	freigesprochen
fritidshus *n*	Ferienhaus
frustande	prustend
ful	hässlich, böse
⚡ **full rulle**	viel los, volles Haus
full	betrunken
fundera	überlegen
⚡ **Fy fan!**	Verdammt!
gå *irr* **ner i vikt**	abnehmen
galen	verrückt

gälla	gelten
ganska	ziemlich
gatlopp *n*	Spießrutenlauf
ϟ **ge** *irr* **järnet**	sich ins Zeug legen
generad	verlegen
gifta sig	heiraten
glassdisk *u*	Eistheke
glimt *u*	kurzer Blick
glömma	vergessen
gnälla	jammern
godisskål *u*	Süßigkeitenschüssel
golvyta *u*	Bodenfläche
gömma	verstecken
göra *irr* **av ngt**	etw. [irgendwo] hintun, verstauen
göra *irr* **bort sig**	sich blamieren
göra *irr* **slut**	Schluss machen, sich trennen
gösfilé *u*	Zanderfilet
gottegris *u*	Naschkatze
granne *u*	Nachbar
gråta *irr*	weinen
ϟ **grej** *u*	Sache
grind *u*	Pforte, Gatter
gripa *irr* **ngn**	jmd. verhaften
grov	ungehobelt
grym	grausam
guldlänk *u*	Goldkette
gullig	nett, lieb
gylf *u*	Hosenschlitz
ϟ **ha** *irr* **koll**	einen Plan haben, Ahnung haben
ha *irr* **på sig**	anziehen, tragen
häkta	festnehmen
hall *u*	Flur
hålla *irr* **med**	zustimmen
hälla upp	einschenken
hållplats *u*	Haltestelle
hamna	landen
handtag *n*	Klinke, Griff
havre *u*	Hafer
havskräfta *u*	Kaisergranat, Norwegischer Hummer
hejda	aufhalten, stoppen, verhindern
helg *u*	Wochenende
ϟ **Helvete!**	Mist! Scheiße!
herrgårdsvagn *u*	Kombiwagen
hinna	Zeit haben, etw. zeitlich schaffen
hiss *u*	Aufzug
hittills	bisher
högklackad	hochhackig
hopplös	hoffnungslos
Hoppsan!	Hoppala!

hörn *u*	Ecke
hörntand *u*	Eckzahn
hösttermin *u*	Herbstsemester, erstes Schulhalbjahr
hota ngt/ngn	jmd./etw. bedrohen
hota	bedrohen
hugg *n*	Hieb, Stich
huvudvärk *u*	Kopfweh
hyra	mieten
hyreskontrakt *n*	Mietvertrag
hytt *u*	Kabine
i andra hand	zur Untermiete
i knäet	auf dem Schoß
ifrågasätta *irr*	in Frage stellen
illamående *n*	Übelkeit
ilska *u*	Wut, Zorn
inblandad i ngt	in etw. verwickelt
ingenstans	nirgendwo
inse *irr*	einsehen
intala sig	sich einreden
inte heller	auch nicht
Jag ger *irr* **mig!**	Ich gebe auf! Ich ergebe mich!
ϟ **Jäklar!**	Verflixt! Verdammt!
jättekär	sehr verliebt
jobbig	anstrengend
jord *u*	Erde
jordnära	bodenständig
journalistyrke *n*	Journalistengewerbe
kaklat	gekachelt
kallsvettig	schweißgebadet
kanalbolag *n*	Kanalgesellschaft
känna sig	sich fühlen
känsla *u*	Gefühl
kärleksroman *u*	Liebesroman
kasta iväg	wegwerfen
kasta sig	sich werfen
kaxig	frech
kel *n*	Schmusen, Kuscheln
kind *u*	Wange
ϟ **kissa**	pinkeln
kista *u*	*hier:* Sarg
klä om	sich umziehen
knacka	klopfen
knapp *u*	Knopf
knäppa ngt	etw. zuknöpfen
knipa *irr* **ihop**	zusammenkneifen
knuffad	umgerempelt
knut *u*	Dutt; Knoten
knyckla ihop	zerknüllen
kö *u*	Schlange (Personen)

komma *irr* **bra överens**	sich gut verstehen
konstig	sonderbar, komisch
konstutställning *u*	Kunstausstellung
korsordstidning *u*	Kreuzworträtselzeitung
kram *u*	Umarmung
krog *u*	Kneipe, Gaststätte
krökning *u*	Biegung, Krümmung
kropp *u*	Körper
kroppsspråk *n*	Körpersprache
krusbärsmarmelad *u*	Stachelbeermarmelade
krympa	eingehen, schrumpfen
krystad	angespannt, gezwungen
kudde *u*	Kissen
kunskap *u*	Kenntnis, Wissen
kvar	nur noch; übrig
kväva	unterdrücken
laddare *u*	Ladegerät
lägga till	*hier:* (am Kai) anlegen
lagom	genug, angemessen
lämna besked	Bescheid geben
lämna	hinterlassen, abgeben; verlassen
landskap *n*	Landschaft
läpp *u*	Lippe
lår *n*	Oberschenkel
lås *n*	Schloss
låsa upp	aufschließen
läskig	gruselig, unheimlich
låst	gesperrt, verriegelt
le *irr*	lächeln
ledig	frei
leende *n*	Lächeln
leende	lächelnd
"Lejonkungen"	"König der Löwen"
leta	suchen
ligga *irr* **bakom ngt**	hinter etw. stecken
lingon *n*	Preiselbeere
ljuga *irr*	lügen
ljus *n*	Licht
ljuvlig	herrlich
lock *n*	Deckel
lögnaktig	lügnerisch, verlogen
lögnare *u*	Lügner
lövträd *n*	Laubbaum
lugna sig	sich beruhigen
lura ngn	jmd. betrügen
lyfta (upp)	(hoch)heben
lysa	leuchten
↯ **macka** *u*	Sandwich
mållös	sprachlos

mansröst *u*	Männerstimme
manus *n*	Manuskript
matlåda *u*	Brotbox, Aufbewahrungsbehälter
med tanke på	angesichts
medvetande *n*	Bewusstsein
medveten	bewusst
mening *u*	*hier:* Sinn
mesig	feige
minska ngt	etw. verringern
missa	verpassen
missad	versäumt
misstänka	vermuten
modig	mutig
morra	murren
mössa *u*	Mütze
möte *n*	Treffen
mumla	murmeln
muttra	murmeln, murren
mysig	gemütlich
Nå?	Und? Na?
nacke *u*	Nacken, Genick
någonsin	jemals
närgången	zudringlich
nattduksbord *n*	Nachttisch
nedslagen	niedergeschlagen
njuta *irr*	genießen
noggrann	sorgfältig
nöjesfält *n*	Vergnügungspark
nöt *u*	Nuss
nummerlapp *u*	Nummernzettel
odla	anbauen
oerhört	ungeheuer
olaglig	illegal
olycka *u*	Unfall, Unglück
olyckligtvis	unglücklicherweise
om och om igen	immer wieder
omtumlad	verwirrt, aufgewühlt
orättvist	ungerecht, unfair
orka med ngn	jdm. ertragen, aushalten
orka ngt	etw. verkraften
orka	schaffen
ormskinn *n*	Schlangenhaut(optik)
orolig	besorgt
ostfralla *u*	Käsebrötchen
otrevlig	unfreundlich
otrolig	unglaublich
otvättad	ungewaschen
ovanlig	ungewöhnlich
på glänt	angelehnt (Tür)

på håll	aus der Ferne
på tal om	apropos
påminna ngn	jmd. erinnern
pappersbunt *u*	Papierstapel
papperslapp *u*	Zettel
papperspåse *u*	Papiertüte
påstridig	*hier:* aufdringlich; energisch
pendeltåg *u*	Regionalzug
periodkort *u*	Zeitkarte
perrong *u*	Bahnsteig
peta	*hier:* anschubsen
pojkvän *u*	fester Freund
polisanmälan *u*	Anzeige bei der Polizei
pressad	*hier:* unter Druck gesetzt
prick *u*	Punkt
pricken över i	das Tüpfelchen auf dem i
putta	schubsen
råd *n*	Rat, Ratschlag
råka göra ngt	zufällig etw. tun
råna	ausrauben
ratt *u*	Steuer, Lenkrad
rättssäkerhet *u*	Rechtssicherheit
registreringsnummer *n*	Autokennzeichen
rejäl	ordentlich
rengöra *irr*	sauber machen
rensa	*hier:* klären
repa *u*	Kratzer
reservpengar *pl*	Geld auf der hohen Kante
resväska *u*	Koffer
reta upp	jmd. verärgern
rigga en fälla	eine Falle stellen
riva *irr* **bort**	abreißen
riva *irr* **sönder**	zerreißen
road	amüsiert
rodna	erröten
röra sig	sich bewegen
röst *u*	Stimme
rota	wühlen
rufsig	zerzaust, strubbelig
rusa upp	auffahren
rycka till	zusammenfahren
rynkig	runzelig, faltig
så kallad	sogenannt
Så roligt!	Wie toll!
så snart som möjligt	baldmöglichst
samlingsalbum *n*	Sammelalbum
samtal *n*	Anruf
samvete *n*	Gewissen
sänka	zum Sinken bringen, versenken

sanning *u*	Wahrheit
sätta *irr* **dit ngn**	jmd. festsetzen/drankriegen
se *irr* **fram emot ngt**	sich auf etw. freuen
se *irr* **i syne**	sich täuschen, nicht recht sehen
sedel *u*	Geldschein
sen	spät
servitör *u*	Kellner
siffra *u*	Ziffer
sikta in sig på ngn	jmd. ins Auge fassen, es auf jmd. absehen
självförtroende *n*	Selbstvertrauen
självsäker	selbstsicher
sjö *u*	See
sjukanmäla (sig)	(sich) krankmelden
sjunka	sinken, fallen
skada	schaden, verletzen
skägg *n*	Bart
skäggig	bärtig
skäggstubb *u*	Bartstoppeln
skaka	schütteln
skål *u*	Schüssel
skämmas	sich schämen
skämt *n*	Witz, Scherz
skapa	schaffen, kreieren
skärgård *u*	Schärengarten
skarp	scharf
skava	klemmen, scheuern
skiftande	wechselnd
ϟ **skitsnygg**	umwerfend
skiva *u*	*hier:* CD, Platte
skjuta *irr*	schießen
skog *u*	Wald
skoja	scherzen, Witze machen
skölja ned	herunterspülen
skräckslagen	vor Schreck gelähmt
skruva	schrauben
skrynklig	zerknittert
skurk *u*	Schurke, Mistkerl
skvallra	tratschen
skydda	(be)schützen
skyldig	schuldig
skylt *u*	Schild
skyltfönster *n*	Schaufenster
slå *irr*	schlagen
slant *u*	Sümmchen
slarvig	unordentlich, nachlässig
slippa *irr*	nicht machen müssen
slockna	ausgehen (Licht)
sluss *u*	Schleuse
slutta	abfallen

smaker *pl*	Geschmacksrichtungen
smäll *u*	Knall
ϟ **smita** *irr*	abhauen
smörja *u*	Schund
snabba på	sich beeilen
snacka skit om ngn/ngt	über jmd./etw. lästern
snål	*hier:* kalt, beißend
snäsa	(an)schnauzen
sned	schief
snegla på ngt	verstohlen auf etw. schauen
snegla	schielen
snöslask *n*	Schneematsch
snyfta	schluchzen
snygg	hübsch
solrosfrö *u*	Sonnenblumenkern
solsken *n*	Sonnenschein
söt	süß, hübsch
ϟ **sötnos** *u*	Süße
spänna blicken i ngn	jmd. scharf ansehen
spara	aufheben, speichern
spärr *u*	*hier:* U-Bahn-Eingang
spets *u*	Spitze
spjuver *u*	Schelm
spydig	gemein, spöttisch
stadga sig	sich binden, sich niederlassen
stamma	stammeln
stämning *u*	Stimmung
stappla	stolpern, wanken
stelna till	erstarren
stenansikte *n*	steinernes Gesicht
stjäla *irr*	stehlen
stökig	unordentlich
stöldgods *n*	Diebesgut
storlek *u*	Größe
strålkastare *u*	Scheinwerfer
strunta i ngt	etw. ignorieren, etw. egal sein lassen
strypa *irr*	erwürgen
studsa	abprallen
suck *u*	Seufzer
surdegsbröd *n*	Sauerteigbrot
svamp *u*	Pilz
svepa	*hier:* umwickeln
synas	sichtbar sein
synlig	sichtbar
täcke *n*	(Stoff-)Decke
täckjacka *u*	Steppjacke
tåg *n*	Zug
tagen	festgenommen
tajt	eng

tak *n*	(Zimmer)decke
tanke *u*	Gedanke
tappa	fallen lassen
tår *u*	Träne
ϟ **taskig**	fies, gemein
tät	dicht
tidning *u*	Zeitung
tidningsurklipp *n*	Zeitungsausschnitt
tillåta *irr*	erlauben
tillåtelse *u*	Erlaubnis, Genehmigung
tillhöra	gehören
tillräcklig	ausreichend
tilltalande	ansprechend
tjäna	verdienen
tjänstledig	beurlaubt
tjänstledighet *u*	unbezahlter Urlaub, Beurlaubung
tjock	dick
tjuvlyssna	heimlich zuhören
ϟ **Toka!**	Verrückte!
tokig	verrückt
tom	leer
töntig	albern, dumm
ϟ **toppen**	großartig
törs *irr*	wagen
trädgård *u*	Garten
tråkig	langweilig
trång	eng
trångsynt	engstirnig, eingeschränkt
trasig	kaputt
träsked *u*	Holzlöffel
trivas	sich wohl fühlen
tro	glauben
trosa *u*	Unterhose
trycksak *u*	Drucksache
trygg	geborgen
trygghet *u*	Sicherheit, Geborgenheit
ϟ **tuff**	schwierig, hart
tung	schwer
tussilago *u*	Huflattich
tvätta	waschen
tveka	zögern
tveksam	zögernd, unschlüssig
tydlig	deutlich
tyst	still, ruhig
udda	ungewöhnlich
undvika *irr*	vermeiden
uppdrag *n*	Auftrag
uppföra sig	sich benehmen
upphittad	gefunden

upplysa	informieren
uppståndelse *u*	Aufregung
urringad	dekolletiert
ursäkta sig	sich entschuldigen
urskilja	erkennen
utbrista	ausrufen
utredning *u*	Ermittlung
utsatt	ausgesetzt, ausgeliefert
uttryck *n*	Ausdruck
vädjan *u*	Bitte, Flehen
vägg *u*	Wand
välansad	wohlgepflegt
vända	umkehren
vänta	warten
Var så god och sitt!	Nehmen Sie bitte Platz!
vår *u*	Frühling
vara *irr* **otrogen**	fremdgehen
vara *irr* **rädd för ngt**	Angst vor etw. haben
vara *irr* **rädd om ngt**	auf etw. aufpassen, Angst um etw. haben
varandra	einander; sich
varken ... eller	weder ... noch
väska *u*	Tasche
vattenyta *u*	Wasseroberfläche
växel *u*	Wechselgeld
veckotidning *u*	Wochenzeitung
verka	scheinen
vidskeplig	abergläubisch
vinka	winken
viska	flüstern
viskning *u*	Flüstern
visserligen	zwar
vitlök *u*	Knoblauch
vittne *n*	Zeuge
ytterligare	noch, zusätzlich
åka dit	*hier:* sich verlieben
ångra sig	bereuen
årsskifte *n*	Jahreswechsel
åtala	anklagen
återkomma *irr*	zurückkommen
ölstuga *u*	Bierstube, Bierhaus
ösregn *n*	strömender Regen
överdriva *irr*	übertrieben
övergå *irr*	übergehen
överseende *n*	Nachsicht
överta *irr*	übernehmen
övertag *n*	Oberhand

Förteckning över övningar